SOLO QUIERO QUE ME QUIERAN

MICAELA MENÁRGUEZ

SOLO QUIERO
QUE ME QUIERAN
Tesoros y trampas del sexo
y del amor

Cuarta edición

EDICIONES RIALP
MADRID

Primera edición: mayo 2021
Cuarta edición: julio 2025

Preimpresión: produccioneditorial.com
ISBN (edición impresa): 978-84-321-7126-0
ISBN (edición digital): 978-84-321-5366-2
Depósito legal: M-12628-2025
Impreso en Anzos, S. L. - Fuenlabrada (Madrid)

A Jesús, mi marido, la otra mitad de mí.
A Laura, Pablo, Nacho y Carlos,
porque desde que existen,
el mundo es un sitio un poco mejor.

ÍNDICE

INTRODUCCIÓN

HACE AÑOS, EN UN SEMINARIO SOBRE sexualidad humana, al terminar el bloque de infecciones de transmisión sexual se me acercó un chico con gesto de preocupación. El fin de semana anterior había acudido a una fiesta de Halloween. «Y ¿qué tiene eso de malo?», le pregunté. «Pues que hoy he recibido este mensaje». Me lo enseñó: «No sé si eres tú, pero si eres tú, tengo el sida...». El chico estaba asustadísimo. Había tenido una relación sexual con una chica, no sabía quién pues todos llevaban antifaces, y no había usado preservativo pues estaba borracho...

Le dije lo que pude, pues poco se podía decir, además de recomendarle los correspondientes análisis. Afortunadamente, tras un cierto tiempo de angustia, no se había contagiado.

En otra ocasión, al terminar una clase, un alumno quiso hablar conmigo. Tras comentar diversas dudas que le inquietaban, añadió: «¿Puedo decirle algo? En su asignatura he descubierto que sentirse querido es mucho mejor que cualquier relación sexual...».

La sexualidad tiene algo de aventura misteriosa, de sensación de pisar propiedad privada, territorio sagrado.

Este libro reúne mi experiencia como profesora universitaria, y mis conclusiones al dirigirme a alumnos adolescentes y a sus padres, en numerosos colegios. Tal vez quien más ha aprendido he sido yo, por las preguntas difíciles y la necesidad de respuestas sólidas, sin fisuras. Un adolescente no permite una grieta, exige coherencia, y hemos de ser capaces de mostrarle la salida del laberinto. Y que sea él quien salga.

El ser humano está hecho para querer y para que le quieran. En lo más profundo subyace un anhelo de felicidad, y una nostalgia de eternidad. Estamos hechos para lo uno y para lo otro, para la felicidad y para la eternidad, y sólo cuando descubrimos ambas realidades y ajustamos a ellas nuestra conducta, vivimos contentos y felices.

La sexualidad humana puede ser una maravillosa *fuente de gozo*, donde en «un mismo acto libre somos capaces de comunicar amor, dar placer y dar vida»[1]. Pero en los últimos tiempos se ha convertido también en una *fuente de sufrimiento*:

- por la fugacidad de las relaciones, que reduce el placer y bloquea la satisfacción, originando frustración;
- por las rupturas sentimentales, al desvincularse la entrega sexual y la entrega de la persona. Cuerpo por un lado, corazón por el otro;
- por las infecciones y enfermedades (que se contagian, con y sin preservativo), las cirugías innecesarias y las obsesiones, que lesionan la salud física y mental;
- por las disfunciones sexuales que se producen en las mujeres demasiado jóvenes, al haber más dolor físico que placer, y que permanecen con frecuencia toda la vida.

---

[1] RUTLLANT, M. *Manual Básico de Planificación Familiar Natural*. Ed. Esin, 2001.

A veces el ser humano se plantea estas paradojas: algo bueno, hermoso, que es fuente de placer y gozo en su contexto, se vuelve contra nosotros si lo descontextualizamos. El desorden desordena.

Por eso, volvamos la mirada a esa hermosa realidad, para entenderla bien, para disfrutarla, para que sea *fuente de gozo*, para ser realmente felices.

1.
YO ELIJO MI DESTINO

UNA DE LAS MEJORES COSAS QUE nos pasan a las personas es que podemos decidir acerca de nosotros mismos.

Decidimos quiénes queremos ser, y cómo vamos a serlo.

Decidimos si nos levantamos temprano o no, qué comemos, qué bebemos y a qué hora nos vamos a dormir.

Decidimos si queremos trabajar con rigor, o de un modo superficial.

En las relaciones humanas, decidimos cómo tratar a los demás:

- a qué distancia emocional queremos a las personas de nuestro entorno: cerca, muy cerca, lejos o muy lejos;
- si seremos acogedores y simpáticos, o más bien bordes, tomándonos a mal todo lo que nos digan;
- si vamos a criticarlos, o preferimos hablar bien de ellos;
- si perdonamos una impertinencia, o no volvemos a dirigirle la palabra.

Mis alumnos reconocen que somos nosotros mismos quienes nos ganamos a pulso lo que nos pasa, porque somos nosotros *solitos* quienes nos metemos en los charcos. Y, naturalmente, los charcos nos salpican.

La libertad, esa cualidad que nos permite hacer una dieta, entrenar para encontrarnos bien, esforzarnos por agradar a una persona, nos permite también elegir si tenemos o no relaciones sexuales, cuándo, cuántas veces, dónde y con quién. Si el ser humano no fuera libre estaría determinado en su sexualidad, como ocurre con los animales, y no sería posible que alguien eligiera renunciar a las relaciones sexuales. Eso existe y se llama *celibato*, una palabra que empieza a sonar algo antigua, y muchos en mis clases no saben qué significa. Pero la verdad es que hay gente así, en nuestro siglo y en todos los anteriores, que deciden no tener relaciones sexuales nunca. «¿Nunca *nunca*? —preguntan—. Y eso, ¿cómo es posible?».

La libertad es esa cualidad tan propiamente humana, que le hace al hombre «ser el que decide su destino a través de sus acciones»[2].

Pero para tener éxito al elegir mi destino tengo que ser capaz de hacer lo que me propongo. Por ejemplo, si quiero sacar buenas notas, pero no soy capaz de estudiar más de quince minutos seguidos, entonces *tengo un problema*. Porque mi voluntad no está entrenada para hacer las cosas que me gustaría hacer y para elegir mi destino. Si quiero ayudar en una tarea de voluntariado un sábado a primera hora de la mañana pero no soy capaz de levantarme temprano y acudir al punto de reunión con el resto de los voluntarios, me perderé una experiencia *que yo había elegido* y que *era buena para mí*.

Por lo tanto, el primer paso es saber a dónde quiero ir realmente.

---

[2] Karol Wojtyla, *Persona y acción*. Palabra, 2011.

Y el segundo es saber si estoy preparado para ir allí, si dispongo de las herramientas para conseguirlo.

Si no tengo esas herramientas, debo saber qué he de hacer para adquirirlas. Porque el ser humano es tan genial, tan rematadamente genial y completo, que, si la meta es posible y él hace lo que está en su mano, lo más seguro es que tenga éxito.

2.
¿POR QUÉ NO SOY LIBRE?

LOS SENTIMIENTOS SON BUENOS, muy buenos. Me enseñan a ser afectuoso con los demás, a hablar bien de las personas.

Pero a veces los sentimientos quieren gobernarnos. Quieren ocuparlo todo, y mandar en nuestra vida. Si estamos tristes, quieren que lo estemos todo el día, y así no hay quien trabaje, ni estudie ni atienda en clase. Si nos hemos enamorado, quieren que pensemos en eso y en nada más.

Los sentimientos son buenos porque nos ayudan a relacionarnos con el mundo, pero tenemos que ordenarlos. No podemos dejar que ocupen todo el espacio, pues entonces no iremos a donde queremos, sino a donde ellos nos lleven. Nuestra inteligencia, que ilumina nuestra vida, tiene que ser la que mande. Pero esto requiere entrenamiento.

La inteligencia es la que ordena nuestros sentimientos, y la voluntad la que hace que el cuerpo vaya a donde queremos.

Mis alumnos suelen preguntar cómo conseguir eso, pues parece muy difícil, en especial cuando te enamoras. Están de acuerdo en que hay que sobreponerse a un estado de ánimo, a una mala noticia, o a un enamoramiento tóxico, pero la mayoría no sabe cómo.

El caso es que, si estoy acostumbrado a obtener todas las cosas que me gustan de manera inmediata, si no sé esperar, cuando no las consigo me lleno de tristeza; una tristeza insuperable, que no puedo controlar. En ese caso, mi deseo me gobierna y no voy a donde quiero, sino a donde mi deseo me lleva.

Si me enamoro locamente de un chico que sólo me quiere para usarme y después dejarme, ese enamoramiento puede llevarme a acceder a lo que pida, aunque yo realmente no lo quiera, porque sé que me hace daño y luego me sentiré fatal. Pero como no tengo ordenados los sentimientos y las emociones, accedo. En estos casos, los sentimientos se han convertido en tiranos, que me obligan a hacer lo que no quiero, y a sufrir luego por ello y por no haber sido fuerte.

Pero puedo elegir mi destino. Puedo hacer lo que yo quiero y puedo ir a donde decida ir. Lo único que se requiere es entrenar la voluntad. Y eso, poco a poco. Por ejemplo, si normalmente me levanto a las diez y quiero madrugar, no puedo proponerme levantarme a las siete; tengo que empezar por levantarme a las nueve y media durante un tiempo, y cuando lo consiga, a las nueve, y así, hasta llegar a la hora deseada.

Si quiero estudiar cuatro horas al día, antes tengo que estudiar una, con aprovechamiento. Y después una y media, o dos. Y así, hasta llegar a mi meta.

Y si me quiero comprar un nuevo móvil, y quiero adiestrar mi voluntad para ser bien fuerte, aunque tenga el dinero necesario puedo esperar un mes y seguir usando el viejo. Será mejor, entrenaré mi voluntad y luego lo disfrutaré mucho más.

La elección de la persona adecuada para compartir la vida es la más importante de todas. Es más importante que la elección de carrera, o de trabajo, o de amigos. Es lo que en gran medida va a determinar la felicidad del ser humano sobre la tierra. Si esa elección está determinada únicamente por los sentimientos, lo más seguro es que nos equivoquemos.

Eso no significa que los sentimientos no sean importantes.

No significa que el enamoramiento no sea importante; significa que no garantizan el éxito de una relación.

Mucha gente se casa por amor, pero no tienen en cuenta las afinidades necesarias para alcanzar una relación estable, y por eso se tambalean. Las afinidades proceden de asomarse a la vida de forma parecida, de compartir una cultura y un nivel educativo similar, de compartir quizá la misma religión...

Se sufre mucho en una relación sin afinidades, y casi siempre se termina en ruptura.

3.
¿ME HAN ROBADO LA INFANCIA?

DESDE HACE AÑOS ME REÚNO con grupos de chicos y chicas de los últimos cursos de educación secundaria o bachillerato. A veces son todos de la misma escuela. Otras, el grupo procede de escuelas distintas, con formación y educación diferentes. En todas esas sesiones, al final surgen las mismas preguntas:

«¿Por qué no son buenas las relaciones sexuales a mi edad?».

«¿Por qué no puedo hacer lo mismo que todo el mundo?».

Y, aunque no lo pregunten, muchas de las chicas se cuestionan las mismas cosas:

«¿Por qué no acabo de sentirme cómoda, a mi edad, ante una relación sexual?».

«¿Qué es lo que hace que, a pesar de sentirme moderna y actual con ese comportamiento, no termine de sentirme bien conmigo misma?».

En algunos casos, se habla de una especie de infancia robada, ya que, a muy temprana edad, adoptan actitudes que tienen más que ver con el mundo adulto. "Se pierden" la infancia, como quien deja de ver tres capítulos de una serie y le faltan elementos para entender la trama y disfrutar de ella.

No hace mucho, los medios de comunicación contaban la dramática historia de una niña de doce años fallecida por coma etílico tras un botellón con unos amigos. Los mismos amigos que, cuando se desmayó, en vez de llamar a emergencias la transportaron en un carrito de supermercado hasta el centro de salud más próximo. Al llegar, ya era tarde para salvarla.

No son pocos los negocios altamente lucrativos que atentan contra la salud y la vida de los jóvenes. Véase, por ejemplo, la agresividad ambiental para consumir sexo a esas edades. Se invierten sumas astronómicas en pornografía, en moda sexy o supuestamente sexy, en publicidad para promover esa moda mediante anuncios, revistas, televisión, redes sociales... Son rentables.

El poder de lo visual en el varón.
Conocerse para controlarse

Los varones gastan todos los años billones de dólares en ver mujeres sin ropa, comparado con lo que las mujeres gastan en ver varones sin ropa. ¿Por qué?

Muchas parejas se rompen por el elevado número de horas que el varón pasa viendo porno en internet. A ella le resulta desconcertante. ¿Por qué les pasa esto a los hombres, y no al revés? ¿Por qué hay tantos sitios para ver mujeres en *topless*, comparado con los sitios para ver hombres en *topless* o desnudos? Lo visual tiene un gran poder en el varón, como estímulo sexual, mucho más que en la mujer. Por supuesto que las mujeres encuentran atractivos a los hombres, pero la relación entre el estímulo visual y la excitación sexual no es comparable en ambos sexos. De alguna forma, el hombre —mucho más que la mujer— está programado por la naturaleza para tener una respuesta sexual ante los estímulos visuales.

Eso lo saben muy bien las agencias de publicidad cuando diseñan sus campañas. En casi cualquier cosa que un hombre pueda comprar, hay una mujer con poca ropa. De ahí que el varón, especialmente cuando llega el verano, vea cómo se multiplican para él los estímulos sexuales visuales, que aparecen donde quiera que uno mire, en la calle, en la televisión, en el metro...

Esto no convierte al varón en un macho depredador, siempre y cuando sea capaz de controlar estos estímulos.

El complejo asunto de la moda

Las mujeres deben conocer esta característica especial del varón, porque a ellas no les pasa. Al menos, no en ese grado. Deben conocerlo para entender el efecto que produce su aspecto en un varón cuando ellas se visten con ropa excesivamente escueta. La forma de vestir que en una playa sería lógica o razonable, se convierte en llamativa en el centro de una ciudad, en un colegio o en una universidad.

El desconocimiento por parte de las mujeres de qué es el cuerpo de un varón y cómo funciona ante los estímulos sexuales visuales, es una de las razones de esta moda.

En mi clase hacemos el siguiente ejercicio: ¿cómo reacciona un varón ante una mujer adolescente con shorts recortados, y una camiseta ajustada sin ropa interior? ¿La considera más elegante? ¿O más inteligente, o más interesante? ¿Piensa que vale la pena conocer sus puntos de vista sobre temas de actualidad o geopolítica?

A la vista del enorme poder que posee lo visual en la fisiología del varón, le resulta imposible no mirar a esa mujer, y puede quedar, casi impotente, a merced de las reacciones físicas de su cuerpo. Es la consecuencia de su testosterona. No digo con ello que el hombre carezca de voluntad para oponerse a esta reacción y controlar su interioridad: me limito a describir una tendencia natural altamente "desordenable".

He hablado con muchas mujeres jóvenes sobre esto, y la mayoría desconoce que los varones, en muchos de esos casos, tienen una erección. No todos la buscan, y no a todos les resulta cómodo. He hablado con muchos varones a los que esta situación les resulta incómoda, porque no están seguros de mantener en todo momento el suficiente autocontrol.

Y las mujeres quieren que los hombres se controlen. Y que no se comporten como machos depredadores.

Por eso es importante que conozcan bien el efecto que produce en el varón determinados comportamientos y actitudes. Porque a veces este puede interpretar que la mujer busca una relación de intimidad, cuando en realidad no es así. Y aquí empiezan los problemas. Unos se les lanzan y las acosan, otros les dicen una barbaridad, otros las miran como se mira a un pastel en una pastelería. Consumir, disfrutar, olvidar. Al menos así interpretan ellas esas miradas, a menudo desagradables.

En los seminarios universitarios, entre alumnos más maduros que los escolares, las chicas reconocen que detrás de un comportamiento promiscuo hay una mujer herida en lo más profundo, que busca tapar sus heridas aplicando sexo y alcohol. Perciben también que entran en una espiral que, lejos de curar sus heridas, las hace más dolorosas. Los chicos sin embargo piensan que es un deseo que ellas también tienen, y que ellos pueden satisfacer generosamente; y si las chicas dicen que ni siquiera se lo pasan bien, es mejor no escucharlas. «No hay quien entienda a las mujeres: te llaman, vas, y luego no quieren que vayas».

Esto origina verdaderas discusiones en clase. Unas y otros no dan crédito a lo que se escucha. Los chicos están seguros de que el deseo sexual femenino es como el suyo («somos seres humanos, no extraterrestres»), y defienden que ellos no hacen más que complacerlas. Y se asombran cuando las chicas dicen que nunca se lo han pasado realmente bien, aunque hayan iniciado sus relaciones sexuales muy pronto, y lleven varios años *haciéndolo*.

Además, no quieren *eso*; quieren que las quieran, no que las usen.

Lo que el varón no sabe es que después de un tiempo se sentirá vacío por haber actuado de un modo que le parecía *natural*; y tendrá unos hábitos sexuales de promiscuidad y masturbación que complicarán la relación estable con una mujer y la construcción de una familia[3].

Los hábitos hacen felices a las personas, o las estropean.

---

[3] CHICLANA, C. *Atrapados en el sexo*. Almuzara, 2013.

4.
¿POR QUÉ LAS CHICAS COMIENZAN *TAN PRONTO*?

¿POR QUÉ UNA CHICA SUELE COMENZAR con relaciones sexuales rápidas, casi nunca satisfactorias, a veces con desconocidos, y de una manera casi anónima?

¿Cuál es la razón para que se entregue a una pareja que no ha visto nunca, a una hora extraña, en un sitio extraño y casi público?

Una amiga de una alumna conoció a un chico en una fiesta. Ya de madrugada, él le propuso ir a su casa con la intención de tener allí relaciones sexuales. Ella aceptó. El piso era bastante cutre, desconchado y sucio, y en él vivían varios estudiantes. Al llegar, camino de su habitación, atravesaron un salón con gente en diferentes estados de consciencia. Ya en el dormitorio, el desorden era enorme. La cama, deshecha, y múltiples calzoncillos sucios esparcidos por el suelo, entre libros y apuntes...

La razón por la cual esa joven se quedó con el propietario de los calzoncillos esa noche, en vez de salir corriendo, es sintomática de lo que sucede en la actualidad.

En mis entrevistas con adolescentes y alumnas, sin chicos delante, hay dos razones que se repiten en todos los grupos y en todas las edades:

- «porque necesito sentirme querida»;
- «por inseguridad».

Falta de afecto, inseguridad. Alimentamos a nuestros jóvenes, les proporcionamos educación, acceso al trabajo, los vestimos y protegemos, impedimos que conduzcan, beban alcohol o fumen hasta determinada edad... Tenemos el control, eso pensamos. ¿Por qué es tan difícil entonces darles afecto y seguridad? ¿Acaso no vivimos en un mundo desarrollado, donde la ley y la tarjeta de crédito son capaces de solucionarlo todo?

¿Hay algo que estemos haciendo mal?

¿Por qué no se sienten queridas? ¿Por qué no se sienten seguras?

¿Hemos creado el clima de afecto adecuado para que crezcan sanos y felices, y sientan la seguridad de nuestro amor incondicional?

¿Qué están buscando? Y, sobre todo, ¿qué encuentran?

Según Rutllant, «una de las facetas menos desarrolladas en la actualidad es la intimidad (...) que supone conocerse, pensarse, poseerse y, por lo tanto, poderse dar». Esto es debido a que «se vive hacia fuera y se cuida muy poco el interior»[4]. El resultado es una vida frívola, mucha carrocería y poca interioridad.

La vanidad ocupa entonces el centro de la vida. Es el imperio del *postureo*. Las relaciones humanas se vuelven superficiales y líquidas, y los compromisos se quiebran fácilmente. ¿Por qué dejamos atrás la intimidad, por qué ha dejado de interesarnos?

Pensar es difícil. Enseñar a hacerlo, aún más difícil. Tras un comportamiento poco reflexivo existe un niño pequeño al que se le han preguntado pocas cosas.

---

[4] RUTLLANT, M. *Cuatro pinceladas sobre la educación de los hijos para lectores que leen poco*. Ed. Dra. Rutllant. 2013

Cuando un niño dice: «Fulano es tonto», el adulto debería preguntarle: «¿Por qué dices eso?». Y proseguir el interrogatorio, sin dar por hecho que es verdad o mentira, tratando únicamente de indagar y hacerle indagar en por qué dice lo que dice.

Este ejercicio de reflexión, relativamente sencillo desde que los niños son pequeños, no es tan frecuente. Por eso se hace necesario promover una actitud de escucha, que acostumbre a los niños a pensar antes de actuar.

Al inicio del capítulo avanzamos dos razones que dan las propias adolescentes para acceder a una relación sexual: «Para sentirme querida», y «por inseguridad». Añadamos ahora otras respuestas sorprendentes y casi siempre tristes, que podrían tener nombre y apellidos:

1) Para destacar en el grupo al acostarme con el más guapo.
2) Para verme más mayor, más mujer o más madura.
3) Para poder contarlo y sentirme líder.
4) Porque me han dicho que es guay.
5) Porque buscas que alguien te quiera.
6) Porque me atrae su cuerpo, porque quiero sentir placer, porque él me presiona y quiere demostrarme así su amor. Y así lo retengo conmigo.
7) Para saber qué se siente, y hacerme la interesante delante de los demás.
8) Porque me siento útil para alguien.
9) Por curiosidad.
10) Para sentirme deseada.
11) Para buscar un poco de cariño.
12) Porque te insultan si eres virgen.
13) Por problemas en casa. Para mí, esa relación es un refugio.
14) Para sentirme valorada.
15) Por aburrimiento.
16) Como subidón de autoestima.

17) Para ser la envidia en una fiesta.
18) Porque nadie te explica la verdad de cómo son las cosas.
19) Porque te dicen que eres rara si no pierdes la virginidad antes del matrimonio.
20) Porque te cansas de hacer siempre lo mismo con tu novio, o novia, y quieres ir más allá.
21) Porque ya has hecho todo lo que puedes hacer, y es lo último que te queda.
22) Estaba borracha.
23) Para llevar la contraria a mis padres.
24) Para no ser un bicho raro.

Como resumen, podemos decir que en muchos casos se repiten tres razones:

1. Inseguridad, falta de autoestima, necesidad de aprobación.
2. Déficit de afecto, necesidad de sentirse querida de forma incondicional.
3. Debilidad ante la presión del chico y de la sociedad, que anima a iniciar relaciones sexuales.

Esas chicas, en muchos casos, tienen familias estables y unos padres que las quieren. Pero la adolescencia, la dificultad de las relaciones padres-hijos, la exigencia ineficaz y la rebeldía generan incomprensiones y malentendidos, y dificulta las relaciones entre ellos. Esto crea distancia, física y afectiva, y heridas que se abren y ya no se cierran.

Cuando los padres comprenden que «el adolescente necesita mucho más amor del que merece»[5], que la educación

[5] Edelmira DOMENECH, catedrática de Psiquiatría, Comunicación personal (Universidad Autónoma de Barcelona).

es un acompañamiento hacia la madurez, que el afecto físico es más necesario para los hijos durante la adolescencia y que no podemos exigir sin ayudar, estamos poniendo las bases para que se sientan seguros y queridos, y respondan mejor a lo que les pedimos.

5.
EL AMOR SE TIENE QUE SENTIR

C. S. LEWIS, EL ESCRITOR INGLÉS DE *Las Crónicas de Narnia* y cuya vida se ha llevado al cine en *Tierras de penumbra*, tiene un libro que adoro, y que se ha convertido en uno de mis libros de cabecera. Se llama *Los cuatro amores*. Tengo que reconocer que estoy en deuda con él, ya que sólo cuando lo he leído ha cristalizado en mí un pensamiento que estaba escondido en algún sitio de mi conciencia. Se trata de la importancia del afecto en las relaciones humanas.

El cuerpo que tenemos es «el puente que nos une con el mundo»[1]. Ese cuerpo, alto o bajo, gordo o delgado, joven o viejo, tiene su propio lenguaje. No es igual dar un abrazo que dar la mano. No es igual un beso en la mejilla que en la boca. No es igual una sonrisa que un gesto desabrido. El cuerpo expresa sentimientos de amor o desafecto; si manejamos bien ese lenguaje, tenemos mucha capacidad de hacer felices a los demás. Y si no, de lo contrario.

En las relaciones humanas, especialmente en la familia, el amor se tiene que sentir. Muchos jóvenes me han dicho

---

[1] BENEDICTO XVI, *El amor se aprende*, Librería Editrice Vaticana, 2012.

que no se sienten queridos por sus padres, lo que es una tragedia, ya que esos padres los adoran. «¿Por qué hay tanta gente que sabiéndose querida no se siente querida?»[2]. Es algo muy corriente, y una pena.

«El afecto es el amor de lo pequeño, de lo cotidiano y de lo sencillo (…), es la causa, en nueve casos sobre diez, de toda la felicidad sólida y duradera de nuestra vida natural (…), es el más sencillo y el más extendido de todos los amores (…), es un cálido bienestar y una satisfacción de estar juntos»[3]; es uno de los ingredientes que convierten el hogar en «un centro de reducción de tensiones y de recuperación de personas»[4].

Es tan importante en la vida afectiva del ser humano que, a veces, uno se da cuenta de lo necesitado que estaba de abrazos cuando se nos muere un familiar cercano y todo el mundo te da el pésame.

Lo primero que tenemos que pensar es con cuánta frecuencia miramos a los ojos a las personas a las que amamos: el marido, la mujer, los hijos, los padres… Estamos tan pendientes de las pantallas que se nos ha olvidado mirarnos y escucharnos. No es raro entrar en un hogar donde cada miembro mira a una pantalla distinta. El esfuerzo de cerrarla para mirar a los ojos y escuchar activamente empieza a ser objeto de terapia.

En segundo lugar, podemos preguntarnos con qué frecuencia nos acariciamos, nos besamos o nos abrazamos dentro de la familia. Es cierto que algunas familias "arrastran" culturalmente un tipo de educación en la que esto no se hacía, ni se decían entre sí lo mucho que se querían. Pero también es cierto que el afecto "colorea" los otros amores y que,

[2] Prieto del Estal, T., (*Comunicación Personal*).
[3] Lewis, C. S., *Los cuatro amores*, Rialp, 2000.
[4] Prieto del Estal, T. (*Comunicación Personal*).

sin él, los demás –incluido el eros– quedan como desabridos. Y por supuesto, las relaciones familiares son mucho más gratificantes «con el vestido casero del afecto»[5]. Por eso es importante darle un beso a tu mujer o a tu marido cuando llegas a casa. Por eso es importante que los niños den un beso a sus padres cuando vienen del colegio, y cuando se van a dormir. Por eso es importante que los padres abracen a sus hijas. Incluso hay estudios que demuestran que cuanto más abraza un padre a su hija, y más cerca está de ella, más segura crece, y más tarde inicia sus relaciones sexuales. Porque no va buscando desesperadamente, fuera de casa, el afecto que le falta en el hogar.

Y es muy interesante observar cómo, en muchos casos, la cercanía del padre ha ayudado mucho a una hija a elegir bien el hombre con el que compartirá la vida. Y la lejanía del padre, o la mala relación con su hija han provocado justo lo contrario.

A los adolescentes varones les pasa algo parecido. He conocido a muchos que empiezan a salir con una chica porque necesitan afecto, porque su madre no les da un beso cuando llegan a casa, o cuando se van a dormir. Porque echan de menos desesperadamente que alguien les diga que los quiere.

Tendríamos que preguntar a los que viven con nosotros si sienten que los amamos; si perciben nuestro afecto, también físicamente. Si se sienten profundamente queridos. Si sienten que los amaremos para siempre, que nada en la tierra nos apartará de ellos. Si no se sienten así, algo estamos haciendo mal.

A veces basta con acariciar el brazo o el hombro de alguien para que se sienta reconfortado; especialmente cuando ha tenido un mal día.

[5] LEWIS, C. S., *Los cuatro amores*, Rialp, 2000.

No podríamos concebir una madre que no abraza y besa a su bebé. Sería raro, sería antinatural. Y, sin embargo, «las diferentes clases de ternura son todas ternura, y el lenguaje de la primera ternura que hemos conocido siempre revive, para expresarse adecuadamente en su nuevo papel»[6].

Durante la adolescencia, el afecto es la corriente que une a los hijos con los padres. Sin afecto, la comunicación con un adolescente se complica mucho.

Es cierto que hay días terribles en la convivencia familiar, y que en esos días es difícil besarlos y abrazarlos. Pero también es cierto que tienen días maravillosos, en los que hacen algo propio de su edad, que es tener un comportamiento heroico casi siempre en relación con la amistad o el amor. Y en esos momentos es cuando los padres tienen que estar ahí, para reforzar esa conducta, para abrazarlos, y para decirles que hagan lo que hagan, los querrán siempre.

---

[6] *Ibid.*

6.
¿DE VERDAD QUERÉIS HACERLO?
[PARA LAS MUJERES]

UN ESTUDIANTE DE ÚLTIMOS CURSOS de bachillerato me preguntó una vez qué podía hacer cuando, durante una fiesta con cierto descontrol en la bebida, una chica de falda corta y escote pronunciado se sienta encima de él, provocándole una reacción física que no está seguro de poder controlar. Yo le dije que podía aprovecharse de la situación (usar y tirar), o comportarse como un caballero, buscar a otra amiga en la fiesta y, sin que la primera se sienta humillada, pedirle el favor de que se ocupe de ella, pues no se encuentra bien.

A cualquier mujer del mundo le gusta que la traten con caballerosidad y generosidad cuando ha bebido más de lo que debe. La primera alternativa (usar-tirar) la llevará a arrepentirse, al despertarse al día siguiente y recordar el torpe episodio entre las neblinas de la resaca.

Entre las jóvenes y adolescentes con las que he hablado se repite una patología dolorosa y complicada de tratar, relacionada con el inicio temprano de las relaciones sexuales. Algunas experimentan dolor durante la relación, por contracturas en el suelo pélvico. Por tensión, nervios o miedo a lo desconocido, algunas de las que iniciaron sus relaciones sexuales en la adolescencia con este dolor, no logran eliminarlo en su vida adulta. Además, como consecuencia, no tienen orgasmos, y cada vez las relaciones son más dolorosas y desagradables, originándose así una patología sexual disfuncional. A veces pasan muchos años hasta que se atreven a hablar de esto con alguien. Y si en ese momento se lo cuentan a quien no deben, las cosas se complican mucho más.

La solución, llegados a este punto, es buscar a la mejor fisioterapeuta de suelo pélvico y que inicie un tratamiento, con la esperanza de que funcione. De nuevo, la hermosa sexualidad humana se convierte en una fuente de dolor y sufrimiento.

Puede volver a ser hermosa, pues todo en el ser humano tiene una enorme capacidad de regeneración. Pero exige recomponer, empezar de nuevo, pedir ayuda.

7.
LA QUÍMICA DEL SEXO

CUANDO CONOCEMOS A UNA PERSONA y nos enamoramos, lo primero que sentimos es una atracción física. Luego, un enamoramiento afectivo, es decir, *estamos bien juntos*. Ahí conviene iniciar un proceso serio de conocimiento mutuo. Las relaciones humanas son complejas y en el proceso de descubrir cómo es el otro, si damos pasos en falso y nos equivocamos, nos jugamos la felicidad.

La primera idea interesante es que amor y enamoramiento no son la misma cosa.

El enamoramiento es involuntario, y el amor es un acto de la voluntad.

En el enamoramiento tenemos una reacción física: rubor, taquicardia… Por lo tanto, es un sentimiento que reside en el cuerpo. El amor es una actitud hacia la otra persona, e implica querer el bien del otro, sin reservas. El amor se aloja en la parte más espiritual del ser humano.

Querer a alguien implica tomar una decisión. Enamorarse, no.

Quizá podríamos decir que en todo esto existe una varita mágica. Y esa varita es la voluntad, la decisión de convertir en amor lo que el enamoramiento propone.

A partir de ese momento, del momento en que decidimos amar, lo único que importa es el bien del otro, si el amor es de verdad. Si no, no es amor; puede ser deseo, enamoramiento, o encaprichamiento con una persona, pero no amor.

Y comienza la tarea de conocer al otro. Para ello hace falta hablar.

Una vez, en clase, una alumna me contó que llevaba dos años viviendo con un chico, y que se estaba planteando dejarlo, porque no era el hombre de su vida. Yo le pregunté si había hablado con él: «Es que este no es muy de hablar», me contestó.

Si no conversamos, no conocemos al otro. El conocimiento viene a raíz de saber qué piensa y qué siente otra persona. «El amor es confiar las paredes del propio corazón a otro morador»[7]. Entonces, a través de la conversación, viene el análisis sobre si esa persona es adecuada o no para nosotros. Es un análisis esencial. No basta sólo enamorarse. El mundo está lleno de gente que se enamoró y fracasó en su relación. ¿Por qué? Por muchas razones, pero una muy importante es que no lo analizó.

Necesitamos saber si tenemos afinidades vitales y culturales, si nuestra forma de ver la vida es, por lo menos, parecida, si compartimos creencias, religión, etc. Todas estas cosas hacen la vida en común mucho más fácil. «La semejanza de almas es causa de amor; la diversidad, causa de desunión»[8]. «Guardar semejanza con alguien es coincidir con él en algunos de los rasgos más profundos de su modo de ser»[9].

En el fondo se trata de saber si podemos o no llegar a ser amigos íntimos. De ahí la famosa frase de Paul Geraldy en el libro *Tú y yo* a su enamorada: «Si tú fueras hombre, ¿serías mi amigo?»[10].

Por lo tanto, necesito un tiempo para conocer al otro, para saber cómo es, cuáles son sus ideas, sus costumbres, su cultura. Si nuestro carácter es compatible, y si podemos tener un proyecto de vida en común.

El proceso de conocimiento del otro necesita tiempo, porque debe madurar como maduran las relaciones de amistad, que requieren un acercamiento progresivo hasta dar paso a la plena confianza. Esto está maravillosamente descrito en *El Principito*[11], de Saint-Exupéry. El Principito y el zorro hablan sobre la amistad, y el zorro le explica que la amistad

---

[7] WOJTYLA, K., *El taller del orfebre*. En *"Llamados al amor"*, Monte Carmelo, 2011.
[8] MONTALAT, R., *Los novios, el arte de conocer al otro*. Palabra, 2014.
[9] *Ibid.*
[10] GERALDY, P., *Tú y yo*. En *Los novios, el arte de conocer al otro*. Palabra, 2014.
[11] SAINT-EXÚPERY, *El Principito*. Salamandra, 2001.

consiste en crear lazos. Al principio, cuando conocemos a alguien debemos sentarlo "lejos", permitir que nos mire. Y dejar que se acerque poco a poco, hasta que se gane nuestra confianza y pueda sentarse a nuestro lado.

El amor es parecido. Las relaciones sexuales interrumpen muchas veces ese proceso de conocimiento del otro. Cuando se dan, la relación entra en otra dinámica, en la que el tiempo para estar juntos gira alrededor de ella. Ya no es mi objetivo conocer al otro, ya no me importa acercarme a la personalidad del otro para saber cómo es. Eso deja de interesarme, pues la sexualidad pasa al primer plano y ocupa buena parte de esa relación.

Cuando iniciamos el conocimiento del otro o de la otra, se crean lazos. Esos lazos pueden ser físicos o verbales, según tengamos o no relaciones sexuales. Si salimos con un chico, le cogemos de la mano, le damos un beso y conversamos, sobre todo conversamos, estamos creando lazos verbales, la unión que se produce entre ambos es, por decirlo de alguna manera, no tan fuerte. Por lo tanto, si descubrimos que no es la persona adecuada, necesitamos energía y fortaleza para romper esa relación, pero no muchísima. Y la huella de esa ruptura existe, pero no resulta tan traumática y nos recuperamos antes.

Sin embargo, si ha habido relaciones sexuales, los lazos son físicos, y la energía que necesitamos para romperlos es mucho mayor. Y si lo consigo se producirá una herida que tardará más tiempo en cicatrizar. De hecho, algunos autores apuntan a que, en esos casos, se produce un trauma que origina con frecuencia depresión en la mujer y trastornos de adicción en el varón[12] ya que se activan las zonas del cerebro

---

[12] DE BOER, A. *et al.* (2012). *Love is more than just a Kiss: A neurobiological perspective on love and affection.* J. Neurosci (201): 114-124.

que influyen en estas enfermedades; en algunos casos incluso se asocia a episodios de homicidio y de suicidio[13].

Cuando explico esto en clase, muchos de mis alumnos me dan la razón, por su propia experiencia.

Hay una razón biológica que explica en parte este proceso. Durante las relaciones sexuales se libera una hormona, cuya investigación se ha puesto de moda últimamente, que es la oxitocina. Se la conoce también como hormona de la confianza y del apego[14]. Su liberación produce sentimientos de unión hacia la otra persona, y por eso se libera en los momentos en los que hace falta crear lazos importantes.

Por ejemplo, en el parto, para fortalecer la unión madre-hijo.

O en la lactancia.

O durante las relaciones sexuales.

La oxitocina se produce en el hipotálamo, se almacena en la hipófisis y se descarga en la sangre especialmente durante el orgasmo, en ambos sexos, y durante el parto y la lactancia en las mujeres, creando lazos fuertes y difíciles de romper entre las personas. También se libera en determinadas zonas del cerebro, ya que actúa como neurotransmisor, en aquellas zonas que regulan el comportamiento emocional, social y cognitivo[15].

Algunos estudios apuntan[16] al bienestar que producen las relaciones de pareja cuando se alargan en el tiempo. La estabilidad matrimonial, por tanto, es buena para la salud. Los

---

[13] FISHER, H. *et al.* (2010). *Reward, Addiction and Emotion Regulation System Associated with Rejection in love.* J. Neurophysiol (104): 51-60.

[14] KERI, S. KISS, I. (2011). *Oxytocin response in a trust game and habituation of arousal.* Physiol Behav 102 (2): 221-224.

[15] STARKA, L. (2007). *Endocrine Factors of Pair Bonding.* Prague Med Rep 108 (4):297-305.

[16] ESCH, T. STEFANO, G.B. (2005). *Love promotes health.* Neuro Endocrinol Lett 26 (3):264-267.

estudios han encontrado en estos casos un descenso de los niveles de cortisol y de hormonas del estrés y un aumento de oxitocina, responsable de la sensación de seguridad, especialmente en las mujeres. Esto puede explicar en parte la relación entre salud y relaciones de pareja de larga duración. También explicaría que determinados matrimonios se rompan por la ausencia o casi ausencia de relaciones sexuales, ya que estas unen a las personas. Un escenario sin relaciones sexuales en el matrimonio es lo que Stenberg denomina "amor vacío"[17].

Llegados a este punto, la mayoría de mis alumnos reconocen que sí, que les suena esto. Y, sobre todo, que resuena en sus corazones como algo verdadero.

Pero que es imposible de vivir, porque en este planeta, nadie hace eso.

Nadie se toma tiempo para conocer al otro y, sobre todo, nadie renuncia a tener relaciones sexuales de forma inmediata, porque les parece innecesario y demasiado duro. Entonces les propongo que, en su próxima relación, lo intenten. Que pongan como prioridad conocer bien a la otra persona y renuncien al sexo, de entrada. A ver qué pasa.

Algunos de mis alumnos —alumnas sobre todo—, pasado el tiempo me han escrito para contarme que el ensayo resultó una experiencia feliz, que conocieron bien a "otros", que rompieron más fácilmente con los que no "eran", y que cuando "fue" la relación, acabó bien porque se habían conocido mejor.

En resumen: las relaciones sexuales pueden crear un vínculo inesperado, donde es más difícil romper.

«El sexo te deja la vista nublada».

«Ya no analizas, y por eso te confundes y eliges mal».

«Se pierde objetividad a la hora de tomar decisiones».

Eso me dicen, sobre todo los chicos.

---

[17] STERNBERG, R. J. (2007). *A triangular theory of love.* Psychol Rev 93(2):119-135.

Por otra parte, conviene mencionar el complicado tema de vivir juntos antes de casarse. Es cierto que en algunos casos se da este paso con vocación de permanencia. Pero también es cierto que hay estudios recientes[18] que indican que las parejas que han convivido antes del matrimonio se rompen más fácilmente que las que no. Y es muy probable que la explicación a este fenómeno esté en lo que hemos dicho antes: si no conoces bien al otro, porque el sexo ha pasado a primer plano y te ha nublado la vista, tienes más puntos para equivocarte y para entrar en una espiral de rupturas, que dejan una huella nada buena desde el punto de vista psicoafectivo.

Toda esta información sobre el ser humano está ahí. Y lo que es más sorprendente, a los jóvenes les gusta oírla, porque, aunque muchos no la compartan, escuchan algo de alguien que intenta hablarles con honestidad, sin ideologías.

Muchas veces he dicho en clase que cuando algo suena bello y suena bueno, casi siempre es verdadero: porque la belleza y la bondad van casi siempre unidas a la verdad de las cosas.

Lo que pasa es que muchos es la primera vez que lo oyen. Con frecuencia se ha levantado un alumno en clase y ha dicho: «Un momento, un momento... O sea, ¿que lo que me han contado toda mi vida era mentira? ¿No será que la que está mintiendo es usted?».

Y al rato, otros: «En realidad, prefiero que usted no tenga razón. Porque si la tiene, tengo que cambiar de vida...». Muchos padres y educadores tienen miedo a no saber explicar estas cosas.

Pero nunca lo lograrán si no lo intentan.

Hay ya libros y artículos más que suficientes para que se formen. Sólo hay que perder el miedo y lanzarse. El premio es grande.

---

[18] De IRALA, J. *Te quiero, por eso no quiero. El valor de la espera.* Amazon 2020.

8.
¿CÓMO VOY A ESTAR ENFERMO?
SI USÉ PRESERVATIVO...

UN DÍA ME LLEVÉ A UN SEMINARIO de sexualidad un buen número de cajas de preservativos. Cuando mis alumnos me vieron aparecer así, pusieron aún más atención. Les dije que cogieran una caja cada uno, la abrieran y sacaran el papelito que viene dentro. Eran de distintas marcas y fabricantes. Pero en todas ellas, con letra muy pequeña, ponía lo mismo. Es un texto que nadie se lee, y los fabricantes lo saben.

> ESTE PRESERVATIVO NO IMPIDE LA TRANSMISIÓN DE ENFERMEDADES COMO EL SIDA, EL VIRUS DEL PAPILOMA HUMANO, LA GONORREA, LA CLAMIDIA... PUEDE DISMINUIR EL RIESGO DE TRANSMISIÓN DE ESAS ENFERMEDADES EN ALGUNOS CASOS, PERO NO LO IMPIDE TOTALMENTE.

La reacción lógica fue de sorpresa, ya que nadie se lo esperaba. A nadie se lo habían contado. Hecho esto, volví a recogerlas.

No soy partidaria del miedo a nada, tampoco en la sexualidad. Creo que una sexualidad que se basa en el miedo a contraer una enfermedad no es buena. Sin embargo, soy partidaria de decir la verdad, y de impartir una educación para la salud lo más completa posible. Y de que todo el mundo sepa que, con preservativo o sin él –porque el preservativo no lo impide todo–, se puede coger una enfermedad que puede ser mortal.

Una infección es un fenómeno por el cual un microorganismo invade el cuerpo humano. Una enfermedad es la expresión patológica de esa infección. Las infecciones de transmisión sexual son infecciones que se transmiten de una persona infectada a otra a través del contacto directo con el cuerpo o con líquidos infectados de este. Se les llama *infecciones de transmisión sexual,* porque el contagio es principalmente a través de contacto sexual (oral, anal o vaginal). Se transmiten:

1) a través del contacto íntimo con otra persona;
2) por contacto con sangre infectada en transfusiones; o
3) al usar elementos punzantes no estériles (jeringuillas o agujas de tatuajes);
4) de madre a hijo en el momento del parto o la lactancia.

El riesgo de contagio no es solo entre las personas más promiscuas o drogadictas, sino en todo aquel que tenga un contacto íntimo –no necesariamente sexual– con alguien infectado. Es importante saber que basta una vez para infectarse, si bien las probabilidades aumentan con el número de parejas sexuales distintas.

«En la actualidad se tiende a hablar de infecciones de transmisión sexual en vez de enfermedades, porque la persona infectada puede quedar un tiempo –incluso años– sin manifestar ningún síntoma de la enfermedad. Sin embargo, en este tiempo, la persona infectada puede contagiar a otras personas, incluso sin saberlo»[19].

---

[19] IRALA, J., GOMARA, I. *Nuestros hijos quieren querer.* Editorial Universitas, S. A., 2012.

Algunas infecciones de transmisión sexual causan síntomas como dolor, picazón o secreción purulenta en los genitales, pero hay muchas que son asintomáticas o afectan a otras partes del cuerpo.

Algunos datos apuntan a que 400 millones de personas al año contraen una ITS, por lo que estas infecciones figuran ya entre las más frecuentes. «La OMS estima que se diagnostican más de 8 nuevos casos de estas enfermedades cada segundo»[20]. Un tercio son jóvenes entre 13 y 20 años.

En España, entre 2005 y 2015 la sífilis se ha multiplicado por dos, y la infección por gonococia, por tres[21]. «Hay algunas de origen bacteriano como la clamidia o la sífilis que, diagnosticadas a tiempo, se pueden tratar con antibióticos. Sin embargo, con frecuencia son asintomáticas y pueden producir daños graves antes de su diagnóstico. Otras, como el sida o el virus del papiloma humano (VPH), son de origen viral y actualmente no tienen curación. La medicación sólo consigue retrasar la progresión de la enfermedad»[22].

«Las enfermedades de transmisión sexual se encuentran en claro aumento y se calcula que se producen más de un millón de nuevos casos al día en el mundo. Infecciones por clamidia, sífilis, gonorrea e infecciones por trichomonas causan, al menos 357 millones de casos nuevos al año, mientras que las genitales por virus herpes simplex superan los 500 millones. Las cifras vienen subiendo desde hace varios años»[23].

Las infecciones de transmisión sexual continúan siendo un problema de salud pública de gran importancia, asegura

---

[20] Ibídem.
[21] Datos de la Sociedad española de enfermedades infecciosas y microbiología.
[22] Ibídem.
[23] Emilio Bouza, Jefe de Servicio de Microbiología Clínica y Enfermedades Infecciosas, Hospital Gregorio Marañón, Madrid (*La Razón*, 15 de mayo 2017).

la Organización Mundial de la Salud, que calcula que se diagnostican casi 450 millones de casos al año en el mundo.

Quizá una de las cosas más complicadas de explicar es por qué, si usas siempre preservativo, aún así estás expuesto al virus del papiloma humano, al herpes genital, al sida, etc. Los mismos fabricantes de preservativos lo explican bien en los folletos que incluyen en sus cajas. Por eso ponen en sus recomendaciones que disminuyen el riesgo, pero no impiden el contagio. Es un matiz muy importante, porque lo que se transmite desde la sanidad pública es, muchas veces, una falsa sensación de seguridad[24].

Algunos de mis alumnos afirman que en el exterior de las cajas de preservativos debería constar una advertencia seria, como en las de tabaco. De lo contrario, se pueden tomar decisiones que, por ignorancia, afecten gravemente a la salud. Sin embargo, lo que todos los epidemiólogos saben, parece estar prohibido mencionarlo en voz alta, por incorrecto.

Otros, sin embargo, comentan que la gente no va a ser tan mala como para contagiarte a propósito una infección de este tipo. Pero ¿y si no sabe que es portador? ¿Y si acaban de pegársela a él, y aún no se han manifestado los síntomas? El problema de la promiscuidad sexual es que uno tiene relaciones sexuales no sólo con un chico, sino, desde el punto de vista epidemiológico, con todas las chicas con las que ha tenido relaciones ese chico, y con los chicos relacionados a su vez con esas chicas. La probabilidad de infección es elevadísima. Al final de este capítulo incluyo un anexo con algunas de las infecciones de transmisión sexual más frecuentes.

En una ocasión acudí a impartir una conferencia en un país africano. Eran años en los que la gente se moría a chorros de

---

[24] En: IRALA, J. GOMARA, I. *Nuestros hijos quieren querer. Sexually Transmited Disease Surveillance 2015*. Division of STD Prevention. October 2016. Center for Disease Control and Prevention. Atlanta, Georgia.

sida, y nadie sabía qué hacer para detenerlo. Yo era la única europea en el congreso, y estaba un poco agobiada porque me hablaban en inglés con acento zulú... En mi mesa redonda había un representante de Uganda y otro de Sudáfrica. Tomó la palabra el de Uganda, y comenzó a explicar cómo, en diez años, habían conseguido disminuir a la mitad el índice de transmisión del sida. El auditorio contenía la respiración. Y entonces explicó lo que más tarde se llamaría el "informe Uganda".

Desde 1990 hasta 2000, Uganda puso en marcha un plan de acción que después se llamó la estrategia A, B, C. Ha sido reconocida por la ONU como muy eficaz para frenar las infecciones de transmisión sexual, y el sida. Consistía en reunir a todas las fuerzas y líderes sociales, políticos y religiosos del país, y definir entre todos una estrategia común, que finalmente fue la siguiente:

1) A de *abstinence*: promover una educación sexual que llevara a retrasar la primera relación sexual lo más posible, al menos hasta que un joven sea capaz de tener una relación estable. Se dieron charlas en los colegios y se luchó por el *empowerment* en los más jóvenes (responsabilidad en la propia salud, incluida la salud sexual, mediante la adquisición de conocimientos y hábitos).

2) B de *be faithful*, es decir, "ser fiel". Una vez que somos suficientemente maduros como para tener una relación estable, hemos de ser capaces de mantenernos fieles. Se promovía así la abstinencia hasta el matrimonio, y la posterior fidelidad matrimonial.

3) C de *condom*. Si alguien no es capaz de vivir las dos anteriores, entonces, que use un condón.

Gracias a esta estrategia se alcanzó un descenso del 65% en el número de personas que afirmaban tener relaciones sexuales esporádicas. Y a mediados de los noventa, un 95% de los adultos prefirió tener una o ninguna pareja sexual. Así se logró reducir la tasa de infectados de un 15% en 1991 a un 5% en 2001 (como una vacuna con una eficacia del 70-80%)[25].

Los resultados en Uganda fueron espectaculares, porque el modelo estaba basado en la educación. Y porque un montón de gente importante aparcó todos sus prejuicios y se puso a salvar vidas. Y salvaron muchas.

Los representantes de Sudáfrica dijeron: «Oye, yo sólo promuevo el preservativo, y en mi país el sida no hace más que aumentar. Pero tú tampoco prescindes del preservativo, o sea que tampoco eres tan distinto». Y el representante de Uganda puntualizó: «Es verdad que el preservativo se menciona, pero, en tercer lugar. La diferencia no está en los que terminan usándolo, sino en los que optaron por A y B».

Los datos obtenidos por el trabajo realizado en 2006 por Gregson y su equipo en Zimbawe sobre el VIH/sida ponen de manifiesto una situación parecida a la de Uganda, es decir, si bien el uso de preservativos influyó en el descenso de casos de VIH, tuvo una relevancia mayor el retraso en la edad de inicio de las relaciones sexuales entre varones y mujeres adolescentes, y el descenso del número de parejas esporádicas o casuales en los que ya tenían relaciones sexuales[26].

Lo más reciente en la prevención del sida es la "profilaxis pre exposición", que consiste en medicar a personas sanas por su riesgo de exposición a la enfermedad. Y existe un debate muy controvertido sobre si el sistema público de salud debería financiarlo. *Truvada* es un medicamento que reduce

---

[25] Stoneburner R. L., Low-Beer D. *Population-Level HIV Declines and Behavioral Risk Avoidance in Uganda*. Science.2004;304(5671)714-718.

[26] Gregson, S. et al. *HIV decline associated with behavior change in easter Zimbawe*. Science (2006), Feb 3, 311 (5761):664-6.

un 90% el riesgo de contraer VIH por vía sexual, y el preservativo lo reduce un 80%.

¿En qué casos vamos a admitir esa financiación? ¿En todos, o solo en los casos en que uno de los dos esté infectado y exista riesgo próximo de contagio? ¿Y en los promiscuos que piensan que así estarán más protegidos, se comprometan o no a usar preservativo? Es poco probable que hagan un trasplante de hígado a una persona que no se comprometa a dejar de beber. O de pulmón, si no se compromete a dejar de fumar. Debería primar el sentido común a la hora de distribuir los siempre escasos recursos sanitarios.

¿Es tan difícil que la estrategia A, B, C, con gran éxito en Uganda, reconocida por la ONU y publicada en el *Lancet*[27], sea comprendida y aplicada por los gobiernos?

¿Estaríamos dispuestos a dar, como algunos apuntan (Agencia Europea del Medicamento), una medicación a todos los niños a partir de 12 años —niños sanos, por supuesto—, conociendo sus graves efectos secundarios, sólo por el riesgo de que tropiecen con un infectado en su vida promiscua?

¿No sería mejor explicarles las ventajas para la salud física y psíquica de una sexualidad responsable, y ordenada al amor?

Podemos preguntar qué opinan en Uganda o en Zimbawe de sus propias experiencias. El problema siempre es la educación. Invertir en ella es mucho más laborioso que recetar un medicamento. Pero es invertir en futuro, y para eso hace falta generosidad y visión a largo plazo.

---

[27] HALPERIN DT, et al., *The time has come for common ground on preventing sexual transmission of HIV. Lancet* 2004; 364:1913-5.

INFECCIONES MÁS FRECUENTES DE TRANSMISIÓN SEXUAL (ITSS)

SÍFILIS

Causada por una bacteria anaeróbica llamada *Treponema pallidium*.

Se transmite por vía sexual o placentaria.

El período de incubación es de 3 semanas.

El primer signo clínico es una úlcera indolora en el pene (varón) e inflamación de los ganglios inguinales.

La mujer puede tener la úlcera en el cuello uterino y pasar desapercibida.

Erupciones cutáneas.

En fases avanzadas, puede producir hepatitis, problemas neurológicos y demencia.

Se puede transmitir al feto.

Antes era mortal, hoy se trata con antibióticos, si bien el diagnóstico precoz es importante. El preservativo puede reducir el contagio sólo si recubre las lesiones.

GONORREA

Infección por *Neisseria gonorrhoeae* de la mucosa genital, oro faríngea o rectal.

Varón: uretritis con secreción purulenta y molestias al orinar. 10% asintomático.

Mujer: 80% asintomático y 20% inflamación del cuello uterino. Cistitis, cervicitis, enfermedad inflamatoria pélvica abscesos tubáricos, infertilidad, dolor pélvico crónico.

Las madres infectadas sin tratamiento pueden producir ceguera en sus hijos durante el parto.

Puede originar conjuntivitis ocular por contagio con las manos.

Si la infección pasa al torrente sanguíneo: artritis, meningitis, inflamación del corazón o muerte.

Responde a los antibióticos.

HERPES GENITAL

Virus del herpes simple (VHS-1, VHS-2).

El 21,9% de los norteamericanos mayores de 12 años dan positivo en los análisis de anticuerpos de esta enfermedad.

Muchas veces es asintomático.

Mujer: cistitis, cervicitis y vulvitis. Úlceras genitales dolorosas.

Varones: uretritis. Úlceras genitales dolorosas.

Durante el parto, se puede transmitir al hijo provocándole ceguera, sordera e incluso la muerte.

Se utilizan tratamientos antivirales que reducen las lesiones y los síntomas, pero no eliminan el virus.

El preservativo puede reducir el contagio sólo si recubre las lesiones.

VIRUS DEL PAPILOMA HUMANO

Verrugas genitales. Condilomas.

Se localiza en la región genital, bucal y respiratoria.

El área infectada puede permanecer totalmente normal (infección latente).

Es la ITS de mayor prevalencia a nivel mundial (Erickson, 2012).

Mujeres: verrugas genitales incluso dentro de la vagina. En casos avanzados sin tratamiento, incluso cáncer de cuello uterino, del que es el agente causal.

Varones: verrugas genitales. En casos avanzados sin tratamiento, cáncer de pene.

El tratamiento consiste en eliminar las verrugas por cauterización, y en la administración de antivirales. No es posible eliminar el virus. Hay vacunas para 4 de los más de 30 tipos de VPH de transmisión sexual. A veces, desaparece solo.

A pesar del uso del preservativo, existe un 38% de posibilidades de contagio porque se transmite por contacto directo piel-piel en los genitales.

CLAMIDIA

Infección por *Chlamydia trachomatis*.

Frecuentemente no da síntomas, a pesar de haber infección. Se puede infectar a otras personas sin saberlo. Esta situación da lugar a una de las mayores prevalencias a nivel mundial.

Mujeres: enfermedad inflamatoria pélvica (infertilidad, dolor pélvico crónico), cistitis (infección urinaria), embarazo ectópico (fuera del útero, en las trompas), uretritis, úlceras genitales.

Varones: uretritis, prostatitis, epididimitis e infertilidad. Úlceras genitales.

Tratamiento: responde a los antibióticos. Sin tratamiento, causa ulceraciones en la zona pélvica y ceguera endémica.

HEPATITIS B

El agente infeccioso es el virus de la hepatitis B. Frecuentemente no da síntomas, o son similares a los de una gripe, como malestar general, náuseas, fiebre y vómitos. En casos graves deriva a cirrosis y cáncer hepático. En enfermos crónicos, el tratamiento es con antivirales, y vacunación antes de la exposición al virus.

SIDA

Son las siglas de *síndrome de inmunodeficiencia adquirida*, y es una de las ITSS más graves de la historia de la humanidad. Ha causado la muerte de 30 millones de personas, y en la actualidad están afectadas otros 33 millones. Aumenta a un ritmo de 2,6 millones al año, según la Conferencia Internacional sobre el sida. En este sentido, ONUsida teme una nueva eclosión de la epidemia en este momento.

El VIH o virus de la inmunodeficiencia humana es el agente causante, que actúa destruyendo las células del sistema inmunitario. Como consecuencia de esto, la persona infectada desarrolla muchas enfermedades debido a sus bajas defensas. Quizá lo más interesante, por desconocido, es el hecho de que el preservativo reduce la probabilidad de infección de VIH en un 80% pero no elimina el riesgo. Y los antirretrovirales hasta ahora no curan la enfermedad: alargan la supervivencia de las personas infectadas, pero no proporcionan una gran calidad de vida, por la propia enfermedad y por los efectos secundarios de los medicamentos.

9.
¿QUÉ ME PASA CUANDO TOMO LA PÍLDORA?

DESDE HACE ALGÚN TIEMPO, son frecuentes los artículos científicos y de divulgación que cuestionan la píldora anticonceptiva. En parte, porque empiezan a aparecer investigaciones que la relacionan con efectos secundarios como el envejecimiento, la ansiedad, la depresión y los intentos de suicidio. En parte, porque el mundo está evolucionando hacia lo natural, hacia el conocimiento del cuerpo, la vida saludable y la buena alimentación.

Y en ese contexto, tomar hormonas durante quince o veinte años seguidos, y defender que no nos van a causar ningún trastorno roza casi el ridículo. Es algo así como cuando se decía que el tabaco no era malo. La opinión pública tardó mucho tiempo en asumir la realidad científica, debido a la cantidad de intereses económicos en juego.

Una de las razones que me dan algunas mujeres que han dejado de tomarla es una cierta reivindicación feminista, que cuestiona por qué la mujer ha de estar siempre a disposición del varón para su satisfacción sexual, a costa de su salud.

El argumento se ha repetido varias veces en distintos foros. Y es interesante ya que, si lo pensamos bien, el varón es fértil siempre, y la mujer es fértil sólo unos pocos días en cada ciclo. De ahí que evitar las relaciones sexuales en esos días sea, de alguna manera, más saludable que tomar hormonas todo el mes. Y es real la presión del varón para tener relaciones sexuales siempre que quiere.

Cuando alguien le da la vuelta a este argumento, afirmando que la mujer también quiere, olvida que uno de los efectos secundarios más frecuentes de la medicación hormonal es que disminuye la libido en la mujer. Por eso, han empezado a proliferar geles y aerosoles y cosas varias, generalmente de testosterona, para subir esa libido que ya habíamos bajado con la píldora.

Verdaderamente, ¿queremos esto las mujeres? ¿Que nos hormonen para una cosa y después para su contraria? Modificar el ciclo con hormonas sintéticas no es solo darle al botón de encender y apagar la ovulación, es más cosas. Porque los estrógenos y la progesterona tienen receptores en muchos lugares del cuerpo. Por ejemplo, en el cerebro. E influyen en el crecimiento, en la regulación de la temperatura corporal, en el tejido mamario, en los huesos, etc. Por eso, cuando las hormonas naturales son sustituidas por hormonas sintéticas, pueden producir problemas no solo relacionados con el aparato reproductor, sino con muchas más cosas.

Los estudios además alertan de algunos problemas adicionales, como el del envejecimiento del aparato reproductor, en concreto del cuello uterino y del ovario. Por eso hay tantos problemas para tener hijos en mujeres que han tomado la píldora durante muchos años. Y por eso es tan frecuente en ellas recurrir a la reproducción asistida[28].

---

[28] K. Birch Petersen et al. *Ovarian reserve assessment in users of oral contraception seeking fertility advice on their reproductive lifespan.* Hum. Reprod. 2015;30:1-12.

Hay otras cosas en relación con la píldora y las enfermedades. Estudios recientes[29] la relacionan con un aumento del cáncer de mama de un 20%[30]. O con las enfermedades cardiovasculares[31].

Más novedosos, por ser una línea de investigación distinta, y más recientes, son los estudios que relacionan esta medicación con problemas en la salud mental de las mujeres. En concreto, en 2016 un estudio danés encuentra una relación entre esta medicación y la ansiedad y la depresión[32]. Y en 2017 se publica que las mujeres que toman la píldora tienen hasta tres veces más riesgo de suicidio que las que no[33].

La ovulación como signo de salud

Estudios recientes[34] indican que el primer signo de que la salud de las mujeres no es buena es que tengan ciclos irregulares. Los ciclos irregulares no son porque sí, *son por algo*. Si no investigamos las causas y los tapamos con la píldora,

---

[29] HUNTER D. J., *Oral Contraceptives and the small increased risk of breast cancer*. N Engl J Med 2017; 377:2276-2277.

[30] MORCH, L. S. et al., *Contemporary Hormonal Contraception and the Risk of Breast Cancer*. N Engl J Med 2017; 377:2228-39.

[31] ROACH R. E., et al., *Combined oral contraceptives: the risk of myocardial infarction and ischemic stroke*. Cochrane Database Syst Rev 2015;8:CD011054.

[32] SKOVLUND C. W., MORCH L. S., KESSING L. V., LIDEGAARD O., *Association of Hormonal Contraception with depression*. JAMA Psychiatry. 2016; 73:1154-62.

[33] SKOVLUND C. W., MORCH L. S., KESSING L. V., LANGE T., LIDEGAARD O., *Association of Hormonal Contraception with suicide attempts and suicides*. Am J Psychiatry 2017.

[34] Pilar Vigil, Carolina Lyon, Betsi Flores, Hernán Rioseco y Felipe Serrano, "Ovulation, a sign of health", *The Linacre Quarterly* 84, núm. 4, noviembre 2017, pp. 343- 355.

estamos enmascarando una posible enfermedad que más adelante puede dar la cara de forma grave.

Ovular es un signo de salud, porque implica una función endocrina y gonadal buena. Si los ciclos irregulares no son consecuencia de la pubertad-adolescencia, lactancia o premenopausia, pueden ser debidos a causas como el estilo de vida, el estrés, causas endocrinas, enfermedades autoinmunes, genéticas o consecuencias de tratamientos médicos.

Algunos ciclos regulares también engañan porque en ellos no hay ovulación, y por lo tanto estamos ante un problema. Lo importante no es una menstruación regular sino una ovulación regular. Si una mujer identifica tres o más ciclos irregulares en un año, o dos ciclos irregulares consecutivos, debería consultar con un especialista y hacerse un perfil hormonal.

Por lo tanto, lo primero que tenemos que saber es si la mujer es regular, y si hay ovulación. Si no, lo que deberíamos hacer es buscar el origen de ese desorden, y arreglarlo en la medida de lo posible. Esto requiere mucho tiempo y esfuerzo por parte de ginecólogos y endocrinos, pero es la única forma de devolverle a la mujer una salud que empieza a perder.

Las causas más frecuentes de irregularidades menstruales asociadas con disfunción ovárica son los desórdenes hormonales. Su origen puede ser el hipotálamo, la glándula pituitaria, el tiroides, las glándulas suprarrenales, el ovario y causas diversas de origen metabólico.

El ovario continuo

La ovulación es un indicador de la salud de la mujer. Al comienzo de la vida reproductiva, la mujer tiene 500 000 folículos, de los cuales, salen unos 500 a lo largo de su vida reproductiva. Para entender bien este proceso tenemos que contestar antes a una pregunta importante: ¿qué es el ovario continuo?

El ovario continuo es un proceso que ocurre durante la vida de la mujer, que comienza en su propia concepción. Intrauterinamente se forman 7 millones de folículos primordiales, de los cuales, en el momento del nacimiento quedan entre 1 y 2. Los demás desaparecen por apoptosis.

Fundamentos de la ovulación como signo de salud:

1) El hecho fundamental es que las mujeres son capaces de reconocer su ovulación, debido al conocimiento de la fertilidad que proporcionan los modernos métodos de Planificación Familiar Natural, como el método Billings o el método Sintotérmico.
2) Este reconocimiento les permite evaluar su propia salud, en función de que reconozcan ovulaciones regulares y ciclos regulares.
3) Si la ovulación es reconocida por la mujer, significa que su función gonadal y endocrina es correcta.
4) ¿Cuándo una mujer sana no necesita ver su ovulación? En momentos de transición como la pubertad, y la perimenopausia, y en momentos como el embarazo y la lactancia.

¿Cuándo podemos intuir que una mujer tiene un problema de salud?

1. Cuando percibe anormalidades en su ovulación.
2. Cuando tiene amenorrea.
3. Cuando tiene 3 ciclos irregulares en un año, o dos ciclos irregulares consecutivos. Se aconseja hacer un perfil hormonal.
   Lo importante no es una menstruación regular sino una ovulación regular.

¿Cuáles son las causas más frecuentes de irregularidades en el ciclo?

1. Estilo de vida desordenado.
2. Stress.
3. Trastornos de la conducta alimentaria.
4. Problemas endocrinos y problemas ginecológicos.

Según no pocos expertos[35], los desórdenes hormonales que causan más ciclos irregulares son los siguientes:

1. A nivel del hipotálamo:

La función hipotalámica está afectada por el ejercicio excesivo, la mala alimentación, el stress, enfermedades psiquiátricas como la anorexia, déficits nutricionales, y aumento de cortisol.
   Esto causa ciclos hipoestrogénicos, anovulación y amenorrea.

---

[35] Pilar Vigil, Carolina Lyon, Betsi Flores, Hernán Rioseco y Felipe Serrano, "Ovulation, a sign of health", *The Linacre Quarterly* 84, núm. 4, noviembre 2017, pp. 343- 355.

2. Hiperprolactinemia:

La causa de este desorden en algunos casos es un tumor en la pituitaria, estrés, o un fármaco antidepresivo. El aumento en los niveles de prolactina causa la subida de andrógenos, y la bajada de estrógenos. Las irregularidades como consecuencia de esto son: fases lúteas cortas, disminución de la libido, dispareunia, alergias e infecciones varias. Además, la prolactina está alta en enfermedades autoinmunes como lupus, artritis reumatoide y esclerosis múltiple.

3. Hormona tiroidea:

Sus alteraciones causan hipomenorrea, hipermenorrea, menorragia, polimenorrea, oligomenorrea, amenorrea. Los problemas de tiroides están asociados a la disfunción ovárica.

4. Síndrome de ovario poliquístico:

Hiperplasia adrenal congénita, fallo ovárico prematuro, insuficiencia de vitamina D y bajada de estrógenos.

¿Es cierto que el ovario poliquístico es un callejón sin salida?

Uno de los temas por el que se ha justificado el uso habitual de la píldora, y casi sin descanso, son los llamados ciclos irregulares. Sucede, por ejemplo, cuando a una mujer adolescente se le dice que padece de ovario poliquístico, y que por ello no tiene más remedio que tomar la píldora de por vida, pues no existe otro tratamiento para ella.

Este ha sido el caso de muchas de mis alumnas durante mis años de docencia.

El ovario poliquístico (PCOS) o síndrome de Stein-Leventhal es un desorden endocrino, de origen genético, definido como una disfunción ovulatoria por hiperandrogenismo. A veces, está asociado a hiperinsulinemia o resistencia a la insulina. Sus síntomas son: ciclos irregulares, sangrados intermenstruales, hirsutismo, acné, piel grasa y a veces obesidad. También está relacionado con problemas en el estado de ánimo.

Esta alteración se produce a nivel mitocondrial, haciendo aumentar los niveles de testosterona. Los folículos que crecen en el ovario de estas mujeres producen muchos andrógenos, que pasan a las células granulosas, transformándose en estradiol. Como consecuencia de esto, los niveles de estradiol están altos, pero las mujeres en muchos de sus ciclos no ovulan, no hay pico de hormona luteinizante (LH).

A la vez, se ha visto que un porcentaje alto de estas mujeres presenta resistencia a la insulina (más de un 50%). De ellas, es severa en un 10%, y va asociada a obesidad. Detrás de esta investigación de la Dra. Vigil subyace una idea interesante: ¿qué le pasa a la mujer que lo padece? ¿Por qué es irregular? ¿Qué hormona tiene un mal funcionamiento? Y, sobre todo, ¿cómo voy a restaurar sus ciclos normales y su ovulación?

Por supuesto es mucho más fácil recomendar la píldora anticonceptiva en todos esos casos pero, ¿estoy haciendo lo mejor para esa mujer? ¿O solo sé recomendar en estos casos anticonceptivos hormonales?

En el caso del PCOS, lo primero es un diagnóstico preciso, hormonal, en el que confirmemos los niveles alterados de estrógenos, progesterona, *Sex hormon binding globuline* (SHBG), testosterona, insulina y azúcar en sangre. Una vez tenemos esta información, el especialista debería pensar en qué tipo de tratamiento podría restaurar la ovulación de forma regular, y con ello los ciclos. Es necesario ir a la raíz del problema, los andrógenos altos, y a partir de ahí continuar el tratamiento. No hay que dejar de comprobar el correcto nivel de vitamina D, y recomendar, además de la medicación, dieta saludable y ejercicio físico.

Los anticonceptivos hormonales empeoran la resistencia a la insulina porque el páncreas tiene receptores para estrógenos que aumentan la producción de insulina. Si yo le doy la píldora a una mujer con ovario poliquístico, a lo mejor lo que hago es empeorar su resistencia a la insulina y provocar una diabetes a los 50 años.

Con el tratamiento adecuado[36] restauro la normalidad de los ciclos, restauro la ovulación y prevengo la diabetes.

Algo parecido pasa en el caso de una mujer con ciclos irregulares originados por una hiperprolactinemia. Hay que saber cuál es el origen de esa subida, ya que puede estar escondiendo un tumor de hipófisis, cuyo diagnóstico y tratamiento puede ser mucho más sencillo si se hace a tiempo. Si la trato directamente con anticonceptivos orales, estoy escondiendo un problema que puede dar la cara más tarde, y con un pronóstico peor. Pero para ello necesito buscar el problema, que lleva tiempo y esfuerzo.

Necesito más ciencia, y un interés real por la paciente. Este no es un camino rápido ni fácil, porque requiere esfuerzo. Pero es el que las mujeres se merecen para mantener su salud.

---

[36] Pilar VIGIL, Carolina LYON, Betsi FLORES, Hernán RIOSECO y Felipe SERRANO, "Ovulation, a sign of health", *The Linacre Quarterly* 84, núm. 4, noviembre 2017, pp. 343- 355.

La píldora y el cerebro adolescente

En el ser humano, hay dos momentos de una gran plasticidad cerebral. Uno es la vida intrauterina y, hasta los tres años. Otro es la adolescencia. Esta última es una oportunidad única, para influir en la conformación del cerebro que tendremos durante la vida adulta[37]. Por eso, estos años son cruciales para el futuro comportamiento del ser humano, porque los cambios cerebrales que se producen quedan para siempre e influyen durante el resto de la vida. Son debidos en gran medida a la acción de las hormonas sexuales, a las que se generan en ovario y testículos (estrógenos, progesterona y testosterona), y en la propia base del cerebro.

La razón de ser de esta influencia es que varias áreas cerebrales tienen receptores para estrógenos, progesterona, y testosterona, modulando así la actividad y ayudando a conformar dicho cerebro[38]. En el caso de la mujer adolescente, la liberación cíclica hormonal induce cambios en su estructura y función. Cada ciclo menstrual queda invadido literalmente por niveles elevados de estrógenos, seguidos de niveles elevados de progesterona procedente de los ovarios.

La función de las hormonas es contribuir a la correcta maduración de ese cerebro en formación, que se encuentra en plena adquisición de su estructura anatómica y funcional madura. Por eso, alterar de forma externa los niveles de estrógenos y el carácter cíclico de sus cambios hormonales puede interferir en ese proceso de maduración, que consiste en una reordenación del mismo. En él, y durante esta increíble

---

[37] Pilar VIGIL, Juan Pablo DEL RIO, Bárbara CARME, Florencia C. ARANGUIZ, Herman RIOSECO, Manuel CORTES, *"Influence of sex steroid hormones on the adolescent brain and behavior: an update. The Linacre Quarterly* 83, núm. 3, Augost 2016, pp. 308- 329.
[38] *Ibid.*

ventana de tiempo, algunas áreas crecen, otras se reducen y otras se reorganizan. Y esto afecta a la capacidad de estudio, la memoria, la lectura, etc... Las hormonas secretadas en ondas cíclicas modulan esa maduración cerebral e intervienen decisivamente en su estructura definitiva.

Así mismo, intervienen en la consolidación de los recuerdos de la propia vida, que se empiezan a formar en ese momento. La concentración hormonal influye en el cerebro femenino de tal forma que según el momento del ciclo en el que se encuentre la mujer, sus capacidades son distintas. Por ejemplo, en los momentos en los que tenemos los estrógenos más altos, contamos con más fluidez verbal. Y, por el contrario, cuanto menos estrógenos –como, por ejemplo, al final del ciclo–, mejor orientación espacial, como les ocurre a los varones.

En el caso del varón, la influencia de la testosterona conforma un cerebro distinto[39], bajo una influencia hormonal esteroidea diferente. Por ejemplo, las conexiones entre los hemisferios cerebrales, diferentes en el varón y en la mujer, hacen a las mujeres más empáticas y a los hombres mejores constructores de sistemas. Este dismorfismo entre el cerebro de varón y el de mujer, ha sido confirmado con técnicas de imagen, corroborando la influencia de las hormonas esteroideas en la conformación del cerebro.

La adolescencia es una etapa crucial para el ser humano por diversas razones[40]. Se define como un período de adaptación desde la infancia hasta la edad adulta, y lleva consigo cambios psicológicos, sociales y fisiológicos, incluyendo la

---

[39] López Moratalla, N. y cols. *Sesgos en la investigación de la píldora postcoital. Hormonas femeninas en la maduración del cerebro adolescente.* Cuadernos de Bioética XXII, 2011/2.ª; p. 309-324.
[40] Pilar Vigil, Juan Pablo Del Río, Bárbara Carme, Florencia C. Aranguiz, Herman Rioseco, Manuel Cortés, *"Influence of sex steroid hormones on the adolescent brain and behavior: an update. The Linacre Quarterly* 83, núm. 3 de agosto 2016, pp. 308- 329.

capacidad de adquirir comportamientos afectivos y sexuales típicos femeninos o masculinos. Se caracteriza también por su egocentrismo y la adquisición de nuevas habilidades mentales destinadas a construir un pensamiento lógico[41].

Desde una perspectiva anatómico-fisiológica, las técnicas de imagen han demostrado que las zonas del cerebro relacionadas con el comportamiento emocional y la generación de sentimientos evidencian un aumento de actividad, si lo comparamos con la infancia o la vida adulta. Así mismo, se tienden a minimizar las conductas de riesgo y a aumentar aquellas que suponen una gratificación inmediata[42]. De ahí la frecuencia de las decisiones irracionales, la impulsividad del comportamiento y la ausencia del control de las emociones. La causa es, en buena parte, el aumento del nivel de hormonas esteroideas sexuales, así como los cambios a nivel cerebral de esta etapa de la vida.

¿Puedo conseguir un cerebro maduro?

Durante la adolescencia el umbral de gratificación es más alto, y necesito, por tanto, más estímulos que un adulto para llegar al mismo placer. Eso hace al adolescente un candidato estupendo para consumir drogas, alcohol y pornografía. Y hay una gran tentación de buscar la recompensa inmediata[43].

---

[41] LÓPEZ MORATALLA, N. y cols. *Sesgos en la investigación de la píldora postcoital. Hormonas femeninas en la maduración del cerebro adolescente.* Cuadernos de Bioética XXII, 2011/2.ª; p. 309-324.

[42] Pilar VIGIL, Juan Pablo DEL RÍO, Bárbara CARME, Florencia C. ARANGUIZ, Herman RIOSECO, Manuel CORTÉS, *"Influence of sex steroid hormones on the adolescent brain and behavior: an update. The Linacre Quarterly* 83, núm. 3 de agosto 2016, p. 308- 329.

[43] LÓPEZ MORATALLA, N. y cols. *Sesgos en la investigación de la píldora postcoital...*

Cada vez hay un consenso mayor entre los expertos en que una persona alcanza su madurez afectiva cuando es capaz de posponer una gratificación si, a cambio, obtiene una recompensa a largo plazo.

Por ejemplo, renunciar a comer algo que sabemos que nos sienta mal, para encontrarnos mejor.

O estudiar bien un examen para lograr una buena nota.

Esos esfuerzos, destinados a un bien superior pero no inmediato, hacen a la persona dueña de su vida, ya que consigue ir adonde quiere, y no adonde le apetece. Los factores externos e internos que alteran el balance hormonal durante la adolescencia interfieren en los mecanismos de plasticidad cerebral, impidiendo que el cerebro se conforme adecuadamente.

El cerebro adolescente, tiene además una atracción natural por la conducta de riesgo, debido a su inmadurez emocional. Eso hace que valore más el beneficio de esa conducta que el riesgo que conlleva. Hasta que el sistema límbico responsable de las emociones no madura debidamente, no se normaliza esta conducta. Esta inmadurez emocional, junto con la necesidad de recompensa, hace que se tomen a veces decisiones equivocadas sobre la sexualidad, o sobre el uso de drogas o alcohol, que a su vez complican la conformación madura de ese cerebro[44].

Otra de las facultades que se pueden ver afectadas es la memoria. Esta depende de los niveles de estrógenos circulatorios, que provienen del ovario. El hipocampo femenino es la zona responsable de la memoria, y tiene muchos receptores para estrógenos. El desarrollo del hipocampo en las mujeres se realiza entre los 4 y los 18 años. Los recuerdos emocionales, muy importantes en las mujeres, dependen de las hormonas sexuales. La mujer no sólo recuerda una

---

[44] *Ibid.*

situación, sino que recuerda cómo se sentía en esa situación. En resumen, el cerebro presenta una gran sensibilidad a los cambios de concentración de las hormonas sexuales, por su alto contenido en receptores[45].

Algunos efectos secundarios de los anticonceptivos en mujeres adultas son depresión, cambios de humor y cambios en la libido (Klaus and Cortés). Se sabe que esta medicación afecta negativamente a la formación de las áreas del cerebro relacionadas con la memoria. Si añadimos todos estos efectos secundarios a otros factores externos como el tabaco, el alcohol y otras drogas, el proceso organizativo cerebral durante la adolescencia se puede ver afectado negativamente, dando lugar a desórdenes de tipo comportamental y psicoafectivo en la vida adulta[46].

Las conclusiones de los diversos estudios son que un adolescente, consciente de lo que se juega, tendrá un extremo cuidado durante los años que conformarán su cerebro para siempre, y que le harán desarrollar de forma óptima todas sus capacidades. Sabemos que lo que interfiere en ese desarrollo son las drogas, el alcohol, adicciones como la pornografía, y la píldora anticonceptiva. Por otro lado, tanto un trabajo intelectual riguroso como el ejercicio físico ayudan y mejoran la conformación de ese cerebro. Esta es una información vital para que cada adolescente tome sus propias decisiones, y vaya a donde quiera ir, no solo a donde le apetece, o a donde las circunstancias le lleven.

La comunidad científica internacional tiene como asignatura pendiente seguir estudiando de forma exhaustiva los

---

[45] *Ibid.*

[46] Pilar VIGIL, Juan Pablo DEL RÍO, Bárbara CARME, Florencia C. ARANGUIZ, Herman Rioseco, Manuel Cortés, *"Influence of sex steroid hormones on the adolescent brain and behavior: an update. The Linacre Quarterly* 83, núm. 3 de agosto 2016, pp. 308- 329.

efectos de los esteroides exógenos, o sea, de la píldora anticonceptiva, en el desarrollo cerebral de las usuarias. Probablemente, y con el conocimiento científico del que disponemos en este momento, desencadenan un efecto negativo que puede ser permanente en la vida adulta.

Existe una responsabilidad de la ética y de la medicina pediátrica en este sentido. Los futuros estudios tendrán que abordar esta perspectiva, ya que está implicada la salud física y mental de nuestros jóvenes.

10.
¿SOY ADICTO AL PORNO?

UNO DE LOS TEMAS QUE SERÁN OBJETO de estudio en el futuro es la cantidad de horas que esta generación dedica a ver pornografía por internet. Es verdad que es fácil, es verdad que está a un clic y que engancha, pero no es menos verdad que es una actividad que no aporta nada al ser humano. Más bien le empobrece, al causarle una adicción, en muchos casos difícil de superar.

La definición clínica de pornografía es «cualquier imagen que lleva a la persona al uso de otra para su propio placer sexual. Está desprovista de amor, intimidad, sentido de la relación o profundidad. Puede ser muy adictiva»[1].

La clave es la palabra "uso". La pornografía nos lleva a utilizar a otros. Todo lo que se sabe de la persona que aparece en las imágenes es que ella está allí para tu placer, y que alguien va a usarla. La persona que "usa" a otro ser humano en vez de amarlo, está abocada a un comportamiento egoísta cada vez mayor.

---

[1] KLEPONIS, P. *Pornografía, Comprender y Afrontar el Problema*. Ed. Voz de Papel. 2018.

No sabemos bien (los expertos no se ponen de acuerdo) si es una adicción al sexo o es una adicción a internet, pero todos coinciden en que es una adicción. Las razones de por qué lo es se han estudiado a nivel cerebral, así como su habilidad para aliviar, durante un tiempo corto, el dolor emocional. Aunque, cuando se pasa ese efecto, el dolor no sólo no ha desaparecido, sino que se ha hecho más profundo[2].

Una vez me preguntaron unos padres a qué edad es bueno que los hijos tengan móvil. Yo me quedé pensando, porque no es una pregunta fácil de contestar. Sin embargo, les dije que darle un móvil sin restricciones a un adolescente equivale a meter en su dormitorio, noche tras noche, millones de revistas y videos pornográficos, con la confianza de que nuestro adolescente sea tan bueno, maduro y responsable que no abra o vea ninguno. De hecho, el grupo mayor de usuarios de pornografía en internet son adolescentes entre 12 y 17 años, y la edad media de los niños que ven pornografía por primera vez es de 11 años[3].

Y esto es debido a que es asequible, accesible y anónima.

La red está ahí, y la única defensa del ser humano es aprender a usarla, como todo. Pero si pasas muchas horas buscando cibersexo o hablando con alguien anónimo de fantasías eróticas que no te atreverías a hablar con quienes te rodean, a lo mejor tienes un problema. Esto, generalmente va unido a la masturbación, mientras se ven estas páginas, y acaba convirtiéndose en una dependencia; he conocido gente que prefiere esto al sexo con personas de verdad. El cibersexo es un negocio que mueve millones. Cada segundo se gastan 3000 dólares en pornografía, y en conjunto, produce unas ganancias superiores a las de las mayores empresas tecnológicas juntas: Microsoft, Google, Amazon, eBay, Yahoo, Netflix y

---

[2] Struthers, 2009. En KLEPONIS, ibídem.
[3] Family Safe Media, 2010. En KLEPONIS, P., ibídem.

Apple[4]. Es un negocio redondo, basado en las adicciones del ser humano, como lo son también las drogas o el alcohol.

Una persona adicta es una persona que ha elegido pasar mucho tiempo sola, sin interaccionar con otras, sin conversar, sin comunicarse, sin ternura, sin afecto. Muchas veces termina con una idea equivocada de lo que se puede esperar de una relación sexual normal, y por ello, sus relaciones normales fracasan muchas veces. Hay personas a las que han echado de su trabajo. Y da mucha vergüenza pensar que cuando ya te has ido, han limpiado tu ordenador de toda la basura que has dejado en el histórico.

Otro grave problema es el del sueño. Los adictos invierten muchas horas de la noche en esto, y luego, claro, se duermen en clase o en el trabajo; o viven en un *deshorario* permanente.

Es interesante, en este contexto, la historia del actor Terry Crews que cuenta en unos videos en YouTube cómo la pornografía destruyó su vida. Estaba casado y con hijos cuando tuvo que ir a rehabilitación para tratarse de esta adicción. La pornografía, dice, cambia tu visión de las personas. Con la mirada de la pornografía, los seres humanos se convierten en cosas, en objetos a los que usar. Incluso en partes del cuerpo de seres humanos que usar, en vez de personas a las que amar. Amenazó tanto su matrimonio que estuvo a punto de romperlo, aunque gracias a Dios, dice, llegó a tiempo de impedir la catástrofe. Desde que hizo pública su adicción, y su terapia, ha recibido muchísimos mensajes de gente que está pasando por lo mismo. Dice que uno de los grandes problemas es no reconocerlo, no contarlo y no pedir ayuda, debido a la gran vergüenza asociada a esta adicción. Sostiene que cada vez que ves pornografía es por un deseo de intimidad, sin darte cuenta de que lo que hace la pornografía es matar esa intimidad, y meternos en una espiral adictiva de

---

[4] Family Safe Media, 2010. KLEPONIS, P., ibídem.

insatisfacción permanente, que nos limita cada vez más en nuestras relaciones normales.

En EE. UU. la pornografía es la responsable del 56% de los divorcios[5].

La adicción a la pornografía acontece a veces porque muchas personas se sienten solas. He hablado con muchos jóvenes que están desorientados y que, a pesar de ir a muchas fiestas y vivir rodeados de otros jóvenes de su edad, en el fondo de su corazón no tienen a nadie a quien contar sus sentimientos más profundos, sus anhelos de ser felices y útiles al mundo. La pornografía es un refugio del que no se sienten especialmente orgullosos, pero es algo. Tienen la idea ficticia de que se comunican, les entienden y los quieren, aunque suene así de absurdo cuando lo ponemos por escrito. Esto, a veces, ocurre inicialmente después de una herida emocional que no se sabe cómo curar.

Las adicciones parecen anestesiar esas heridas momentáneamente. Pero el resultado final es mucho peor. Y como es tan adictiva, una vez entras, resulta muy difícil desengancharse. La naturaleza de las heridas emocionales es muy diversa: personalidades narcisistas, abusos en la infancia o juventud, falta de aceptación en tu entorno social o escolar... La sensación de inseguridad o de soledad[6] aumenta esas heridas.

Los estudios sobre la naturaleza adictiva de la pornografía tienen a estas alturas un largo recorrido[7]. Sabemos por técnicas de imagen que la adicción al porno y a la cocaína son similares, ya que afectan al lóbulo central del cerebro. Es un proceso que estimula el centro del placer y deteriora el control de los impulsos y, por lo tanto, se ha demostrado un paralelismo bioquímico entre la adicción a la pornografía

[5] Paul, 2004. KLEPONIS, P., ibídem.

[6] KLEPONIS, P., ibídem.

[7] Carnes, 1991, 2001, 2007. KLEPONIS, P., ibídem.

y a las drogas[8]. Se ha comprobado que ver pornografía desencadena la emisión de grandes cantidades de dopamina en el cerebro, con una tolerancia cada vez mayor. Esto indica que cada vez se necesita una dosis mayor para obtener los mismos efectos[9]. El mecanismo es similar a las adicciones al alcohol o al sexo[10]. El problema de esta adicción, como el de todas, es que cuando existe, se impone sobre lo demás, y pasa por encima de estudios, familia, trabajo y amigos. Es un tsunami, un huracán que destruye todo lo que tiene alrededor. En la reciente crisis del coronavirus, Pornhub abrió sus contenidos de forma gratuita, para aprovechar este tiempo de reclusión y enganchar al mayor número de personas, diciendo que sus beneficios estarían destinados a combatir el coronavirus...

La adicción en las mujeres

A veces pensamos que la adicción a la pornografía es sólo un problema de los hombres, y no es verdad. Muchas mujeres lo padecen, y sufren también adicción al sexo.

En el origen está con frecuencia una desesperada necesidad de afecto y seguridad[11]. Y aunque los estímulos visuales en la mujer no son tan potentes como en el varón, ellas se enganchan más a los chats y video chats, a los mensajes, a la literatura erótica, etc. En este caso, la promesa de una relación romántica aumenta la liberación de dopamina en el cerebro de la mujer; por eso son lectoras de novelas de ese tipo, o pueden presentar adicción a las telenovelas o los *reality shows*.

---

[8] Hilton y Watts, 2011. KLEPONIS, P., ibídem.
[9] KLEPONIS, P., ibídem.
[10] Ibídem.
[11] Ibídem.

En el caso de *Cincuenta sombras de Grey* se idealiza la relación con un hombre patológico y se normaliza el sexo peligroso[12], originando una visión trastornada de las relaciones, que ha llevado a muchas mujeres a aceptar conductas de riesgo para su propia salud e integridad física.

Además, las mujeres, tienen más facilidad que los hombres para pasar del porno a una relación física de verdad, con una persona desconocida con la que han contactado chateando en internet. Los riesgos físicos y emocionales de semejante comportamiento son altísimos.

En el fondo, lo que hay son heridas emocionales de mujeres que buscan desesperadamente amor y seguridad, y los buscan en el camino erróneo, pensando que así conseguirán una relación romántica que les dará estabilidad en el futuro. Esas heridas provienen de adicciones, abusos, divorcios, abandonos o rechazos. Todo esto produce traumas, y al intentar bloquearlos se acude al alcohol, las drogas y el sexo, en una espiral de autodestrucción que a veces termina en prostitución o dejándose filmar en vídeos porno.

¿Por qué siento que mi marido me es infiel?

Lo primero que siente una mujer cuando su marido ve pornografía es que ya le ha sido infiel en su corazón. Ha deseado a otras mujeres y ha cultivado ese deseo día tras día. Es una traición demoledora, y el corazón se rompe en mil pedazos. Con él se rompe también la confianza y se daña la comunicación.

La mujer se pregunta si el porno habrá sido suficiente para saciarlo, o si habrá ido a buscar sexo en otro sitio; si

---

[12] Ibídem.

habrá cogido una enfermedad de transmisión sexual, o habrá gastado dinero en esos quehaceres. La inunda la angustia y la incertidumbre. Como los hombres lo mantienen en secreto, mienten para ver sexo, y se lesiona la comunicación.

Como consecuencia de esto, cada vez están los dos más solos, hasta que la soledad se convierte en un lastre insoportable que termina por destruir su matrimonio. Además, es tiempo perdido para su familia, para las personas que ama, o debería amar.

El porno es una actividad que vuelve a la gente egoísta, como sucede en todas las adicciones, porque nos hace incapaces de pensar en los demás, e incapaces de amar.

A veces, en una esposa saltan las alarmas cuando su marido le pide una práctica sexual degradante. Desde que se ha generalizado el intercambio de parejas, conozco a mujeres que lo hacen sólo para complacer a sus maridos. Ninguna de ellas, pasado un tiempo, sigue unida a él. Las mujeres se sienten usadas, no amadas.

Las mujeres esperan de sus esposos que toda su vida íntima les pertenezca. Es a lo que ellos se comprometieron el día de su boda. Por eso les parece una traición, y pierden en él la confianza. Además, genera en ellas ira, dolor y ansiedad.

Cuando doy charlas en colegios de secundaria sobre educación de la sexualidad, dejo mi contacto por si alguien quiere hacer una consulta en privado. A veces algunos padres de familia que me han escuchado me llaman llorando, porque están inmersos en esa adicción al porno, y no ven el camino de salida.

La buena noticia es que hay salida.

Se requiere esfuerzo, tiempo y perdón, pero la hay. Exige paciencia, porque el proceso de recuperación es lento, pero posible.

Y de ordinario menos doloroso que un divorcio.

¿Qué efectos tiene sobre los hijos?

Los hijos que descubren que su padre consume porno, le pierden el respeto. No pocos padres de familia pierden muchas oportunidades de felicidad familiar, partidos de fútbol o cenas familiares por su adicción. Además, dedican parte del presupuesto a ver porno, o a visitar locales de *striptease* o de prostitución.

En la actualidad, con los datos de los que disponemos, los niños comienzan a ver pornografía a los ocho años[13].

En las redes sociales, a los doce[14].

A los dieciocho años, el 90% de los chicos y el 60% de las chicas han visto pornografía en internet. Una parte de ellos han visto también sexo en grupo, homosexual, sadomasoquismo, pornografía infantil y bestialismo.

Se ha encontrado una relación entre los niños y adolescentes consumidores de pornografía, y los tipos de personalidad narcisista, fomentada por unos padres que han cultivado los caprichos y se los han consentido a sus hijos. El resultado son unos niños sexualizados, que a edades muy tempranas han visto perversiones, y crecen pensando, por ejemplo, que la violencia en la sexualidad es normal y que a las mujeres les gusta. Los varones piensan que está bien usar a la mujer, y que esta desea sexo constantemente. Que a las mujeres les gusta el sexo oral y el sexo anal, o que la promiscuidad es buena.

Las chicas crecen pensando que debes ceder a todo esto si quieres que te quieran, y que debes parecer una estrella del porno. Que debes ser agresiva en tus relaciones y que la fidelidad de un hombre es algo imposible[15].

---

[13] Black, 2013. Kleponis, P., ibídem.
[14] Family Safe Media, 2007. Kleponis, P., ibídem.
[15] Psychology Today, 2014.

El daño que les hace, a ellos y ellas, es casi irreparable. Ese daño podemos concretarlo en varias cosas:

1) Distorsiona el concepto real de la sexualidad, al venderme cosas que no son ciertas. Me hace creer, por ejemplo, que el sexo en grupo, violento o sadomasoquista son cosas normales que a todo el mundo le gustan.
2) Transmiten la idea de que las mujeres quieren sexo a todas horas, y eso es falso.
3) Que el tiempo de respuesta sexual de las mujeres es corto, y eso es falso.
4) Que a las mujeres les gusta la promiscuidad, y que no esperan que un hombre les sea fiel, y eso es falso.
5) Que las mujeres quieren separar el sexo de la vida afectiva, y eso es falso.
6) Transmiten a las mujeres que, si no se comportan como una estrella del porno, nadie las va a querer. Y eso es falso.

Efectos en la sociedad

1. El porno aumenta la promiscuidad sexual. Las relaciones promiscuas se ven como normales, y se extiende entre la población la sensación de vacío y soledad.
2. El porno aumenta el acoso sexual. Existe relación entre los acosadores sexuales y el consumo de pornografía.
3. El porno aumenta el número de embarazos, infecciones de transmisión sexual y abortos entre adolescentes, por la promiscuidad sexual. Entre los adolescentes norteamericanos se dan tres millones de infecciones nuevas cada año.

4. Dificulta las relaciones sanas y duraderas, y a veces las incapacita, ya que se tiene una visión de la persona y de la sexualidad incompatible con el amor que exige una relación estable.

¿Qué es el *sexting*?

El *sexting* puede constituir delito, ya que se trata en muchos casos de imágenes sexuales de menores.

Usar esas imágenes sin el consentimiento del menor, para que las vea toda la clase, aumenta el número de suicidios. Es el típico ejemplo de un adolescente que le pide a su novia fotos sin ropa, y, cuando rompe, las envía a toda la clase. Él la usa, no la ama. Y en ella se produce una inmensa herida por su traición[16].

A menudo, la ilusión de esas chicas es parecerse a una estrella del porno. Lo que casi nadie sabe es que esas estrellas, por su dolor, sus heridas y su sentimiento de sentirse utilizadas, tienen una media de vida de 37 años...

¿Tengo remedio?

La buena noticia es que sí. Ya hay programas de recuperación que están funcionando bien. Muchas de las personas que entran en estos programas sienten una gran liberación, ya que mantenían una doble vida, la normal y la de su adición al porno.

El primer paso para la recuperación es reconocer que hay un problema, y buscar ayuda. Es decir, ser evaluado por un terapeuta cualificado en este campo.

---

[16] *La verdad detrás de la fantasía del porno.* Shelley Lubben.

Como en todas las adicciones, hay que evitar los detonantes que pueden provocar una recaída.

Después hay que desintoxicar el cerebro de los estímulos químicos de la adicción. La terapia exige el compromiso de dejarse ayudar, y de hacer todo lo que nos digan hasta curarnos. A veces incluye abrir las heridas, para sanarlas, y potenciar una visión de la sexualidad como expresión del amor de la persona, entre personas que se aman, no como una forma de usar a otros.

En el proceso de recuperación, ayuda comprender por qué la pornografía nos hace daño, para así intentar evitarla. A este proceso se opone el empeño en negar el problema, el orgullo, el miedo, la vergüenza y la falta de compromiso. Sin embargo, las personas que superan todo esto y se curan, se sienten mucho más libres y sienten que recuperan el control de sus vidas.

Y si estamos casados, ¿cómo superamos esto?

Algunos hombres piensan que su mujer debe tolerar su adicción al porno. Primero, porque no piensa que eso sea malo. Después, porque no está dispuesto a hacer el esfuerzo de cambiar. Son narcisistas en grado extremo, y su matrimonio, y cualquier relación de pareja posterior que se planteen, está abocada irremediablemente al fracaso.

La confianza se inspira, no se impone. Cuesta mucho ganarla y muy poco perderla. Es el ingrediente esencial para que las relaciones humanas funcionen, ya sean familiares, profesionales, o de cualquier tipo.

Cuando alguien comprometido con otra persona ve pornografía, lo que esta percibe es traición.

Es verdad que hay que ser comprensivo y compasivo con los adictos. Hay que entender las heridas profundas que los llevan a semejante situación para poder ayudarles.

Traicionar la confianza nos coloca en una situación de deuda, con unos números rojos muy grandes. La única solución es estar verdaderamente decidido a luchar contra la adicción, buscando en lo profundo las causas que la provocaron.

Hay causas diversas: heridas emocionales profundas del pasado; ignorancia sobre la sexualidad humana, o ausencia de una educación de la sexualidad bien integrada. O soledad.

En cualquiera de estos casos, y en otros, la única salida de un matrimonio es ponerse en manos de un buen terapeuta.

Esto empieza, como siempre, por reconocer el problema y la necesidad de ayuda.

Después, por hacer todo lo que nos indiquen. Hay un caso frecuente: el de un hombre casado, con hijos, adicto al porno, y cuya mujer se siente profundamente herida. Muchas veces su terapia pasa por la abstinencia sexual completa de ambos durante casi un año, pues él ha hecho un camino neuronal de respuesta sexual incompatible con una relación sexual normal. Por ejemplo, una masturbación de pocos minutos dificulta que su mujer pueda disfrutar de relaciones sexuales. Y ella está muy herida, porque en su intimidad se siente usada, no amada. La abstinencia proporciona la oportunidad de cambiar ese patrón de respuesta sexual, y construir uno nuevo.

Comprendo que es muy difícil, pero es posible.

Es siempre mejor no caer en una adicción, pero quienes la sufren tienen que saber que hay salida.

Los matrimonios se recuperan, con tiempo y trabajo duro. Tienen que construir una relación desde el principio, otra vez. Curan poco a poco sus heridas individuales y matrimoniales. Y son capaces de salir adelante, educar a sus hijos... y ayudar a otros matrimonios en esta situación.

¿Qué hago si descubro a un hijo mío mirando porno?

Lo primero es no culparle, ni avergonzarle.

Tampoco perder los papeles delante de él. Lo importante es explicar bien en qué consiste esta adicción, y las razones por las que puede hacerle daño.

La edad en la que los niños se encuentran con la pornografía en internet, en este momento, es entre los ocho y los once años. Antes de esa edad hemos de protegerles para que no se la encuentren. Después, tenemos que enseñarles libremente a rechazarla, porque es la única defensa real.

Para proteger a los niños tenemos que controlar internet, con los filtros adecuados, la televisión, los videojuegos, las películas que ven. Una estrategia que ha dado buen resultado es que el ordenador se instale en un sitio de paso, de forma que todo el mundo vea lo que haces. Es importante que no usemos los móviles y tabletas como niñeras electrónicas, porque se pueden encontrar con contenido indeseable.

Los tiempos de las pantallas, aún con contenidos buenos, deben limitarse, porque los niños necesitan leer, hacer deporte, jugar al aire libre e interaccionar con otros niños de forma real, no sólo virtual.

Para ello los padres también deben controlar su propio uso de la tecnología, para dar buen ejemplo y tener una vida lo más real posible.

La educación de la sexualidad en casa resulta fundamental en este terreno. Necesitamos formación[17]. Si en algún momento la situación se nos ha ido de las manos, y vemos que ya se ha establecido una adicción, es fundamental buscar ayuda profesional cuanto antes.

---

[17] Recomiendo el Diploma de Experto Universitario en Educación Afectivo-Sexual de la Universidad Católica San Antonio de Murcia.

Conviene conocer de dónde procede realmente el problema: hay alguien ahí fuera intentando destrozar a nuestros hijos, porque engorda su negocio. No le importan los niños ni los jóvenes. No le importan las familias. Es capaz de arrasar con lo que se ponga por delante con tal de ganar dinero. No se diferencia en nada de los traficantes de droga, pero lo tiene mucho más fácil que ellos para entrar en nuestro hogar por la puerta trasera. No se lo debemos consentir.

Una familia unida en la que los hijos y los padres se sienten queridos es la mejor garantía de felicidad para el futuro.

Si nuestros hijos son ya adolescentes, los riesgos son mucho mayores. En parte porque se sienten invencibles, y creen que nunca serán adictos a nada. Es el momento de educarlos en los peligros de la pornografía, como parte de su educación para el amor. Que aprendan la diferencia entre usar a alguien y amarle. Aprender a amar les traerá enorme felicidad en sus vidas.

Sin embargo, usar a los demás les generará desazón y, a la larga, desesperación. En esta formación es fundamental la evidencia científica de lo que es una adicción, para que comprendan los peligros a los que se exponen. Explicarles qué es la industria de la pornografía y qué pretende de ellos. Transmitirles que aún así, si caen, pidan ayuda, porque no van a ser juzgados ni condenados por sus padres.

Conviene implicar también a los colegios en esta misión.

Por supuesto, es necesario mantener los controles, filtros y el uso de la tecnología en casa como ayuda para todos. Y lo es también retirar los aparatos electrónicos por la noche, para que estén fuera de su alcance, pues abundan los problemas de sueño y de falta de rendimiento escolar. Hay que prevenirlos contra el *sexting* y prácticas parecidas, ya que puede ser una forma de pornografía infantil.

Y, sobre todo, hay que lograr que se sientan incondicionalmente queridos, que comprendan el amor que les tenemos, y que ese amor solo es posible cuando las personas no son usadas como mercancía, sino amadas como seres humanos.

Se puede salir

De la adicción se puede salir, y uno puede tener una vida limpia y coherente. Hace falta reconocer la adicción, y pedir la ayuda adecuada.

En el caso de un varón casado, necesita contar con el perdón de su mujer para su recuperación. La recuperación es lenta porque muchas imágenes quedan grabadas en el cerebro y nos asaltan cuando menos lo esperamos.

A veces, como ya hemos dicho, la curación incluye la abstinencia de sexo, incluido el que podría vivirse con la propia mujer, y durante varios meses. La explicación que eso tiene es que hay que construir un camino de respuesta sexual distinto del que había, en paralelo. Y es un camino nuevo, donde la sexualidad es expresión del amor y de la entrega a otro, y no un medio egoísta de satisfacer los propios deseos.

Para alcanzar este objetivo, necesario para curarse, el camino pasa por hacer cosas por los demás, en la familia, en el trabajo y en la sociedad. La solidaridad, la preocupación por otros, la colaboración en tareas de voluntariado, son medios que nos ayudan a salir de nosotros mismos.

También ayuda mucho la gratitud. «La única actitud cuerda para estar en el mundo es la actitud deuda-agradecimiento», le escuché en una ocasión a un profesor de filosofía. Uno se encuentra mucho mejor cuando piensa en lo mucho que han hecho por él los demás que cuando piensa en cuánto le deben.

La esperanza en la recuperación, cuando se ponen los medios, es cierta y segura.

Sólo hay que ponerse a ello.

11.
SÓLO QUIERO QUE ME QUIERAN

AÚN NO HE CONOCIDO A NADIE en el mundo que no quiera que le quieran. Es increíble cómo el ser humano está hecho para el amor. Pero no para cualquier amor, sino para un amor incondicional que dure para siempre.

Cuando nos recuerdan nuestro cumpleaños, cuando nos regalan alguna pequeña cosa, cuando nos llaman sólo para ver cómo estamos, o cuando vienen a vernos al hospital nos sentimos queridos, nos sentimos bien.

En la sexualidad humana pasa algo parecido. Hemos dicho antes que el cuerpo tiene un lenguaje. Cuando, durante las relaciones sexuales, el ser humano siente que la otra persona se le da, que no solo le da su piel, sino que le da su vida, su persona a la vez que su cuerpo, ese ser humano se siente total, absoluta y completamente *querido*.

Las mujeres, que expresan más los sentimientos que los hombres, a veces lloran en ese momento. Lloran porque sienten la felicidad de la entrega completa de otro ser humano hacia ellas.

La sexualidad humana es un puente físico que une al varón con la mujer, que expresa, con el lenguaje del cuerpo, que no somos nuestros, sino de otro. Pero eso solo es posible si de verdad le hemos dado ya nuestra vida a otro, si de verdad somos ya del otro y el otro es la mitad de nosotros.

Cuando digo esto en clase, al principio suena extraño, porque hoy, pensar en dar la vida por algo o por alguien suena poco real. Sin embargo, según van pasando las semanas, empiezan a pensar que les gustaría mucho que alguien hiciera eso por ellos, que los amara de esa forma tan absoluta, tan radical, sin condiciones. Esta idea se ha visto reforzada en la crisis del covid-19, donde muchos sanitarios y sacerdotes han dado la vida por los enfermos.

El lenguaje del cuerpo, durante las relaciones sexuales, significa que mi vida es tuya para siempre. Ese es su sentido y su significado. De ahí la sabia afirmación de que «todo ser humano debe aprender con perseverancia y coherencia lo que es el significado del cuerpo»[18].

El erotismo, que es algo propiamente humano, se comprende «porque el hombre-persona se convierte en don; y porque, si bien está unido a una búsqueda de placer, supone la admiración y por ello puede humanizar los impulsos»[19].

Cuando la sexualidad se desordena no tiene ese sentido ni ese significado, sino que se convierte en la búsqueda incansable de placer físico, usando al otro, no amándole. De ahí procede la pornografía, la prostitución y la promiscuidad, que tantas complicaciones traen en forma de enfermedades físicas y emocionales. De ahí también el sufrimiento de muchas personas, casi siempre mujeres, que se sienten utilizadas por alguien que no las amaba. Solo eran un entretenimiento divertido para pasar el rato, pero ni por asomo un compromiso para siempre.

---

[18] Papa Francisco, *Amoris Laetitiae*, p. 118.
[19] *Ibíd.*

Esta es una de las quejas más frecuentes de las mujeres con las que hablo, que lamentan muchas veces haberse entregado a un hombre que, en realidad, no las quería. En este contexto se comprenden bien unas palabras, que, no por haberse escrito hace muchos años, han perdido actualidad:

> Desde el punto de vista del amor de la persona y del altruismo, se ha de exigir que en el acto sexual el hombre no sea el único que llega al punto culminante de la excitación sexual, que este se produzca con la participación de la mujer, y no a sus expensas... Los sexólogos constatan que la curva de excitación de la mujer es diferente de la del hombre, sube y baja más lentamente...el hombre ha de tener en cuenta esta diferencia de reacciones y esto no por razones hedonistas sino altruistas. Existe en este terreno un ritmo dictado por la naturaleza que los cónyuges han de encontrar... La felicidad subjetiva que experimentarán entonces tendrá los rasgos de *frui* es decir, de la alegría que da la concordancia de la acción con el orden objetivo de la naturaleza. El egoísmo, por el contrario —en el caso se trataría más bien del egoísmo del hombre— es inseparable de *uti*, de esa utilización en la que una persona busca su propio placer en detrimento de la otra[20].

Es asombroso que estas palabras se escribieran en 1960 y que traten de algo tan desconocido para la mayoría de la gente. Los estudios posteriores no han hecho más que corroborarlas. Se calcula que el tiempo de respuesta sexual es, aproximadamente, de unos diez minutos en el varón, y unos cuarenta y cinco en la mujer. Eso significa que, si el varón no espera el tiempo adecuado, llenándolo de afecto y de erotismo, ordenado al amor, para que la mujer se sienta querida, ella «no

---

[20] WOJTYLA, K. *Amor y responsabilidad*, Ed. Razón y Fe, 1978.

embarcará nunca su personalidad entera en esa relación»[21], se sentirá frustrada y triste y empezará a huir de las relaciones. Esta situación ha generado y genera la ruptura de muchos matrimonios, al no haber comprendido «las leyes objetivas del proceso sexual»[22].

Stemberg[23] describe el matrimonio sin relaciones sexuales como "amor vacío", y señala que, en muchos casos, es causa de ruptura.

Es cierto que cuando alguien escucha esto por primera vez, le suena extraño, ya que la corriente de pensamiento que predomina es la contraria. Sin embargo, según va pasando el tiempo, si quien escucha reflexiona, se da cuenta de que esta idea del amor incondicional resuena en su corazón como algo bello y bueno. Y cuando algo es bello y bueno, casi siempre es verdadero. Yo les hablo a las nuevas generaciones de cambiar el mundo, de recuperar la idea de la sexualidad humana como expresión del amor y de la entrega personal, y eso les gusta, les parece bien.

También les digo que este es uno de los retos que tienen por delante. A ver si las próximas generaciones consiguen arreglar algo de lo que los adultos hemos roto, o simplemente hemos dejado de hacer. Se trata de poner en marcha una contrarrevolución cultural para humanizar la sexualidad y devolverla a su sitio original, donde siempre tenía que haber estado.

---

[21] *Ibíd.*

[22] *Ibíd.*

[23] Stemberg, RJ. (2007). *A triangular theory of Love.* Psychol. Rev. 93(2):119-135.

12.
LA FAMILIA, ESE LUGAR EN EL QUE CASI SIEMPRE TE QUIEREN

TODOS QUEREMOS QUE NOS QUIERAN y el lugar natural donde eso ocurre es la familia. Hay veces que no. Hay situaciones complicadas y, a veces, una familia normal y buena atraviesa situaciones difíciles que hay que superar con paciencia y optimismo.

Sin embargo, la familia es ese nido al que deberíamos volver siempre que lo necesitemos. «El hombre no es un ser que huye del nido, sino más bien permanece en él. La familia se convierte así en un seno materno, que es como un requisito para existir»[1].

En el hogar se está a gusto porque nos sabemos aceptados, acogidos y queridos. Y por eso el hogar nos hace capaces también de recibir a otros, de hospedar a los amigos. ¿Nunca has tenido una reunión familiar amable, sin tensiones, con sonrisas y ganas de agradar por parte de todos? Yo creo que esta es una de las experiencias más hermosas de la vida. No vale solo con estar juntos. Hay que estar juntos *bien*. Y para ello, se necesita que todo el mundo ponga de su parte,

---

[1] BENEDICTO XVI, *El amor se aprende*, Librería Editrice Vaticana, 2012.

porque en cuanto hay alguien con cara avinagrada y diciendo inconveniencias, la magia se rompe y estamos deseando marcharnos de allí.

Sin embargo, cuando las reuniones con familia y amigos son buenas, son *muy buenas*. Me atrevo a decir que es una forma de asomarnos a las ventanas del cielo, ya que la felicidad que se genera es contagiosa, y dura varios días en el ánimo de la gente.

Hay gente que es acogedora, y otra que no. Con los primeros uno quiere estar siempre, porque se preocupan de nosotros, porque están ahí cuando los necesitas, porque si has ido de visita y se hace la hora de comer, te invitan a que te quedes y comparten contigo de lo que tienen. Son expertos en repartir gozo a su alrededor; les encanta dar buenas noticias y alegrarse del bien de los demás. A los otros, a los que no son acogedores, más bien les huimos. Porque resulta incómodo estar con ellos.

El hogar es personal; quiero decir que va con cada uno, independientemente del número de personas que lo compongan, que puede ser una. «Y así, la persona que tiene un hogar lo lleva consigo a donde quiera que vaya, porque ese hogar es parte de su propio ser. ¿Acaso no existen hombres y mujeres que van creando hogar allá por donde pasan, personas acogedoras que parece que ofrecen siempre, con su sola presencia, un sitio para sentirse a gusto?»[2].

A veces las responsabilidades familiares cambian, y de repente, los padres pasan de acoger, a ser acogidos; de cuidar, a ser cuidados; de tener responsabilidad a que la responsabilidad de sus vidas recaiga sobre otros. Esto desconcierta mucho a los hijos, que momentáneamente, piensan que esa situación no debería haberse producido: porque sus padres tenían la obligación de velar por ellos *para siempre*...

[2] BURGGRAF, J. *Libertad vivida con la fuerza de la fe*, Rialp, 2006.

No es un cambio fácil para nadie, y menos para los padres. Pero lo importante es que, en el corazón de sus hijos, los padres tengan un lugar especial, en el que ellos, que tanto han hecho, se sientan a gusto, y no excluidos; un lugar en el que descansar de la vejez, de la invalidez y de las enfermedades; en el que sientan que se les quiere de verdad.

Lo cierto es que la gente acogedora es más feliz y tiene más amigos. Y eso es porque estamos diseñados para los demás, para salir de nosotros mismos y hacer felices a otros, renunciando a nuestro tiempo y a nuestra comodidad. Pero revierte en felicidad, y no pocas veces en cordura, porque algunos expertos ya sostienen que la gente más cuerda del mundo es la que más se preocupa por los demás.

«El hombre es como una planta a la que a lo largo de su vida le hace falta la cálida luz de la amorosa compañía humana»[3]. No podemos vivir sin contar con los demás, es demasiado triste. Y no podemos crear a nuestro alrededor un mundo de burbuja en el que no admitamos más que a tres o cuatro personas.

Lo mismo ocurre en los equipos de trabajo. En este momento de la historia no se puede hacer casi nada solo. Si uno de verdad quiere llegar lejos y hacer cosas interesantes, necesita un equipo. Y para tener equipo hay que ser acogedor. Los grandes líderes siempre lo han sido. Han sabido transmitir que se puede contribuir al bien común haciendo cosas buenas, y haciéndolas bien. Han sabido enseñar que las relaciones humanas bien construidas son la base del bienestar general. Y han asumido que los éxitos son del equipo y los errores son de uno. Y han cambiado el mundo. Ahí están Nelson Mandela, Martin Luther King, Abraham Lincoln, Juan Pablo II, o la Madre Teresa de Calcuta.

---

[3] LOVASIK, L. G., *El poder oculto de la amabilidad*. Rialp, 2015.

«El hombre puede pasarse sin muchas cosas, pero no sin el hombre... Si queremos crear y lograr cosas grandes, hemos de procurar asegurarnos la colaboración de los demás»[4]. Por eso es tan importante elegir bien a las personas que nos acompañan en el camino de la vida.

A veces los adolescentes se sienten solos en el mundo, aunque estén rodeados de gente que los quiere. Y no resulta fácil percibir sus sentimientos y empatizar.

Los niños se sienten queridos cuando alguien les pone límites, y les hace, con cariño, respetar esos límites. Sienten que importan a alguien, dispuesto a poner esfuerzo para educarles.

Cuando van creciendo se sienten queridos si se sienten escuchados, aunque les venga la inspiración para contarte sus cosas a las doce de la noche. Da igual. Es cuando les sale.

Pero si no los escuchas, tendrán la sensación de que a nadie le importa lo que les pase.

Y si los escuchas de forma analítica, sin acoger, escandalizándote de lo que dicen o enfadándote con ellos, nunca más te contarán nada.

---

[4] *Ibíd.*

13.
"SUS TEORÍAS SON IMPOSIBLES"

«Qué bonito eso que dice, pero es imposible». Eso me dicen a veces mis alumnos. Iniciamos entonces una conversación en la que intentamos ver cómo hacer posible lo imposible.

Sucede, particularmente, cuando hablamos de construir bien las relaciones con los demás, y yo misma reconozco que he construido algunas relaciones bien y otras mal. De esas conversaciones entre todos extraigo algunas ideas, las más sugerentes:

1. *La lealtad es altamente valorada.* Consiste en no hablar mal de las personas cercanas, y defender siempre a tu familia, a tu equipo, a tus amigos. Ser sinceros y llamar error al error y verdad a la verdad. Decir las cosas a la cara si es necesario, pero sin herir. No hay nada más dañino que tirar la piedra y esconder la mano. Cuando ese juego es descubierto, la confianza se rompe para siempre. La lealtad es esa virtud que hace que nos fiemos de la gente, y ellos de nosotros. Hay gente de la que puedes fiarte. De otros, no. Y eso no tiene arreglo, porque la confianza se inspira, no se impone, y cuesta mucho ganarla y muy poco perderla. A las personas

leales se las aprecia en todas partes; las desleales al final se quedan solas.

2. *La cortesía en el trato.* Todo el mundo prefiere la buena educación a la barbarie. Esto es importante porque a veces se nos olvida ejercitarla con los más cercanos. Y hacemos o decimos cosas inadmisibles en un entorno de menos confianza. Los nuestros se merecen nuestras mejores maneras, por respeto y por afecto.

3. *El elogio.* Algo sencillo y poco frecuente. Hay también quien "arrastra" una cultura contra el elogio... ¡Qué gran error! El miedo a que un hijo, un alumno, o una persona del equipo "se lo crea" ha hecho que grandes esfuerzos queden sin reconocimiento; y desmotiva. El elogio es necesario, especialmente por parte de padres, educadores y personas que dirigen equipos.

4. *El afecto.* Ya lo hemos tratado en un capítulo. Somos capaces de transmitir nuestros sentimientos a través del afecto, y es importante hacerlo. Los demás necesitan saber que los queremos. Y necesitan comprobarlo físicamente, no virtualmente.

5. *La actitud captativa, no analítica.* Al conocer a alguien caben dos actitudes. Podemos "pensar bien": esa persona es buena, tiene más virtudes que defectos, y nos predisponemos a acogerla en nuestro entorno cercano. Esto es especialmente importante con la familia política, yernos, nueras, etc., e implica no hablar mal de ellos, ser cordial y ganarnos poco a poco su confianza. Las personas analíticas lo que hacen es lo contrario. Ponen el *focus* en lo malo, no fomentan el pensamiento positivo, no buscan puentes sino grietas, y hacen lo posible por criticar y resaltar los defectos. Esta actitud separa a las familias y hace la convivencia muy difícil.

6. *El agradecimiento*. Es la salsa de la vida. Según José María Barrio, «la única forma cuerda de estar en el mundo es la actitud deuda-agradecimiento»[5], y cada vez estoy más de acuerdo. Si pensamos esta noche cuántas cosas buenas nos han sucedido a lo largo del día de hoy, la lista de agradecimientos será inacabable. Y si mañana procuramos detectar cada cosa buena que nos pase, el día se llena de felicidad por una cosa tan sencilla, y la relación con las personas se vuelve más agradecida. Hay poca gente así, pero los agradecidos crean a su alrededor un clima amable y acogedor en el que todo el mundo quiere estar.

Ser agradecido tiene muchas ventajas: «Purifica el corazón, disminuye la tristeza, aumenta la felicidad, conforta a los demás y une a las personas»[6].

7. *Y el perdón y los límites*. Todos nos equivocamos. Todos necesitamos que nos perdonen, y perdonar a los que nos hacen daño. A veces las personas que nos hieren nos piden disculpas. Otras veces no, y entonces las cosas se complican. Aún así, los últimos estudios defienden que el perdón, aunque sea sólo interno, genera salud física y mental, mientras su contrario genera enfermedades[7].

Los límites también son importantes. Si no consientes que te levanten la voz, nunca te levantarán la mano. Esto vale para un padre, un hermano o una hermana, un compañero de trabajo, un jefe, y un marido o una esposa. Hay momentos tensos y complicados. Pero si no perdemos las formas, si no perdemos el respeto, entonces restañar las heridas es mucho más fácil. Si nos levantamos la voz, o nos decimos palabras hirientes, cicatrizar es más complicado y

---

[5] Barrio, José M.ª, *Comunicación Personal*.
[6] Philippe, J. *La confianza en Dios*. Cristiandad, 2012.
[7] Schaltter, J, *Heridas en el corazón*. Rialp, 2014.

requiere más tiempo. Y un ejercicio de perdón muy profundo y maduro.

El resumen es que estas actitudes generan felicidad en las personas, y las contrarias inquietud y malestar. Sólo tenemos una vida. Merece la pena ser lo más feliz posible, especialmente en aquellas pequeñas cosas que dependen de nosotros.

El problema de esta sociedad es que todo el mundo quiere ser feliz, pero casi nadie sabe cómo. La alegría, y el buen humor que transmiten las personas felices son apreciadas por todos; a nadie le gusta estar con un cenizo de gesto desabrido que vive enfadado consigo mismo y con el mundo. Todos queremos que nos sonrían, nos digan cosas agradables, y nos recuerden lo que hacemos bien.

14.
MI NOVIO NO TIENE "ATMÓSFERA"

UN DÍA, CUANDO LLEGUÉ A CLASE, estaba el clima revuelto. Mis alumnos estaban cansados porque habían salido de un examen, sin ganas de trabajar ni de pensar. Entonces se me acercó una chica y me dijo:

—¿Puedo enseñarte una cosa?

Como no tenía ninguna esperanza de empezar puntual, asentí. Me mostró entonces la foto de un chico guapo en la pantalla de su móvil.

—¿Te gusta...? Es mi novio.

—Sí, claro.

—Sólo tiene un problema, no tiene atmósfera.

Hacía pocos días que en clase habíamos hablado del modelo antropológico personalista de la persona en tres capas, y por eso me lo dijo.

Yo llevaba tiempo pensando en una idea. Quería explicar la sexualidad con un modelo comprensible y sencillo de la persona. Hacía tiempo que mi asesor familiar, Tomás Prieto del Estal[1], me había explicado el modelo en tres capas,

---

[1] PRIETO DEL ESTAL, T. Comunicación Personal.

y decidí leer algunos libros que ahondaran en ese sentido: *Persona y acción*, de Karol Wojtyla, *La estructura de la persona humana*, de Edith Stein, los *Manuales de Antropología* de Juan Manuel Burgos y Ricardo Yepes, todos ellos interesantes... El problema era cómo explicarlo de manera sencilla. Entonces se me ocurrió contárselo a mis hijos. «Mamá –respondieron–, no se entiende absolutamente nada. Ni siquiera nosotros, que te tenemos muy oída...». Entonces empecé a pensar en un dibujo, un esquema, una imagen, y recurrí a mi hijo pequeño, que visualiza muy bien las ideas. Le pedí que pensara un modo de explicarlo y me lo dibujara.

Posiblemente no es un gran modelo académico. Posiblemente, como todos los modelos, no logra explicar completamente al ser humano. Pero mis alumnos me entienden.

La idea es la siguiente. El ser humano está hecho en tres capas, comparables en nuestro modelo planetario a la tierra.

La parte sólida de la tierra sería nuestra parte biológica, es decir, nuestra anatomía y nuestra fisiología, que está en el cuerpo.

La parte emocional, nuestras emociones, son el agua. Pero no sólo la de los océanos, sino también los ríos y los lagos, el agua subterránea y el agua de la lluvia. Los sentimientos y las emociones también están en el cuerpo, impregnando y "regando" nuestra parte biológica.

Y la parte que llamamos espiritual, la atmósfera: está por encima, como envolviendo el cuerpo —nuestro físico— y nuestros sentimientos.

Lo que, de alguna manera nos hace capaces de amar, en nuestro modelo, es la atmósfera, porque en ella está la capacidad de movernos hacia el tú, hacia el otro. Es también lo que nos hace ser felices, ya que aquellas personas que piensan más en los demás son las más felices. O, al menos, eso dicen los expertos.

A todos nos llena el corazón hacer algo por alguien, nos sentimos mejor, estamos contentos.

En cuanto al "agua" —las emociones y los sentimientos—, el objetivo son los deseos, que de por sí son buenos. Si consigo lo que deseo, entonces estoy contento. Si no, estoy triste.

En cuanto a la "tierra", que es la parte biológica, nos movemos por el instinto, procurando el placer y evitando el dolor.

Tanto el agua como la tierra están en el cuerpo, y sin embargo la atmósfera es el espíritu. Si esta gobierna sobre la tierra, puedo ir a clase, aunque me duela la cabeza. Y si gobierna sobre el agua, puedo cortar con un chico que no me conviene, aunque me guste. Nuestra biología y nuestras emociones, es decir, nuestro cuerpo, funcionan bien, están sanos y contentos cuando nuestra atmósfera los ordena, y cuando no son ellos los que gobiernan nuestra vida.

Insisto en que esto es una aproximación, y que ningún modelo explica completamente al ser humano. Pero sirve para intentar explicar por qué es necesaria una educación de los sentimientos para ser feliz.

Si volvemos al capítulo en el que decíamos que yo elijo mi destino, esto es cierto siempre que seamos capaces de tener una atmósfera que esté gobernando el cuerpo, que pueda superar en determinados momentos el cansancio físico, la pereza, las ganas de bebernos mil copas o los sentimientos de desánimo. En esa atmósfera es en la que está la inteligencia, que ilumina mi vida para ver claro cuál es mi camino, y la voluntad, que me hace ir a donde quiero ir y no a donde me apetece ir, o a donde mi cuerpo o mis sentimientos me quiere llevar.

Si no consigo que esto funcione, me convierto en rehén de mí mismo, y no gobernaré mi vida, sino que mis emociones y mis sentimientos me gobernarán a mí. No iré a donde quiero ir sino a donde ellos me lleven, sin olvidar que muchas veces son unos tiranos que solo nos quieren para ellos.

Si volvemos a mi alumna, y a su novio sin atmósfera, lo que resultó es que era un ser caprichoso, sin voluntad para dirigir su vida, especialmente su vida emocional y sentimental. Por eso no le convenía. Porque el resultado de eso es que la capacidad de amar y de comprometerse con alguien se diluye en el "me apetece" de cada momento. Y así no se puede construir una relación estable.

En el tema de la sexualidad humana hay algo claro en este modelo. Nosotros buscamos la belleza y la felicidad. También buscamos la verdad de las cosas, porque eso es algo propio de las personas intelectualmente honestas y con inquietudes. No nos conformamos con la información que nos dan, queremos sacar nuestras propias conclusiones. Hemos experimentado que cuando nos dejamos llevar por los sentimientos sin acompañarlos de la inteligencia, muchas veces salimos heridos.

En cuanto a la sexualidad humana, vista con nuestro modelo planetario, podríamos decir que es una de las cosas más hermosas que le pueden ocurrir a un ser humano.

Empecemos por *el cuerpo*. Para que la sexualidad humana sea buena, ambos se lo tienen que pasar bien. No vale que uno llegue a la máxima satisfacción y el otro no. Muchas alumnas mías me han contado a lo largo de los años cómo esas relaciones promiscuas, de una sola noche con un desconocido casi nunca las dejan satisfechas, sino lo contrario. Existe en ellas una terrible sensación de haber hecho el tonto entregando la intimidad a un desconocido que ni siquiera ha intentado que ella se lo pase bien. Es una sensación muy fuerte de ser utilizada. Por lo tanto, el primer paso en una relación sexual es que los dos disfruten, en el plano físico. Para ello, el varón ha de conocer que los tiempos de respuesta sexual en la mujer son mucho más lentos y, por lo tanto, debe ser paciente y afectuoso.

Si nos vamos a la capa de *las emociones* —al agua de nuestro modelo planetario—, la sexualidad humana tiene una fuerza brutal para lograr que el otro se sienta querido, si sabemos cómo hacerlo bien, y lo hacemos. Transmitir amor no se improvisa. Necesitamos una educación en el afecto físico, pero sabemos «que el afecto es la causa, en nueve casos sobre diez, de toda la felicidad sólida y duradera que hay en nuestra vida natural»[2]. El cuerpo tiene una fuerza enorme para transmitir sentimientos, si hemos aprendido a "amar con el cuerpo"[3].

Por fin, llegamos a *la parte espiritual*. Toda la sexualidad humana está pensada para llegar a este punto. Yo, con mi cuerpo, te estoy diciendo que te doy mi vida entera. Y espero recibir la tuya. Es decir, la sexualidad humana tiene un

[2] LEWIS, C. S. *Los cuatro amores*. Rialp, 2000.
[3] De IRALA J., *Un momento inolvidable. Juntos por primera vez*. Amazon 2020.

sentido, y un significado: yo te digo con mi cuerpo que mi vida es tuya para siempre.

Lo increíble de esto es que nuestros cuerpos han sido diseñados para hacer visible lo invisible. Lo visible es la relación sexual. Lo invisible es lo que eso quiere decir, o sea, dos personas que se entregan la vida para siempre.

Por eso, cuando una relación sexual comprende placer físico, sentirnos queridos y, además, sentir en lo profundo cómo alguien se nos entrega, esa relación genera una gran felicidad.

Muchos de mis alumnos me dicen que eso es imposible, porque la vida no es así. Y yo les pregunto:

¿Qué vida?

¿Acaso no os gustaría experimentar algo así?

¿Acaso os vais a conformar con menos, con una felicidad descafeinada, con una caricatura del amor y nada más?

¿No os dais cuenta de que estáis hechos para lo mejor?

¿Qué rastro dejan las relaciones sexuales esporádicas?

¿Es que hay algo más en ellas que un poco de placer –si es que llega– y mucha sensación de vacío?

Seamos honestos. Aspiremos a lo más grande. A aquello para lo que estamos hechos.

15.
EL HADA Y EL UNICORNIO

ÉRASE UNA VEZ UN HADA MUY BELLA que vivía en un bosque de árboles altos y frondosos.

Un día vio venir hacia ella a un unicornio, famoso en el bosque por destrozar a todas las doncellas que se encontraba en el camino.

El unicornio se dirigió hacia ella con gran fuerza, pero ella le detuvo en seco.

—¿A dónde vas? —dijo el hada.

—Voy a destrozarte para comerte.

—Y después, ¿qué harás? El hambre que sientes ahora no se saciará si me destrozas.

—Pero es un hambre salvaje —replicó el unicornio—. Un hambre que a duras penas puedo controlar.

—Si me destrozas ahora, tu condena será padecer la misma hambre por toda la eternidad. Sin embargo, si te quedas a mi lado y te haces mi amigo, el hambre que sientes se irá transformando en afecto, y después en amor hacia mí. Podrás conocer y ser amigo de las doncellas sin destrozarlas, y te sentirás feliz con ellas.

El unicornio permaneció a su lado. Con mucho esfuerzo, aprendió a controlar su hambre, a vivir con ella, y su deseo insaciable se transformó poco a poco en amor por el hada y por todos los seres que habitaban en el bosque.

Este hermoso cuento medieval nos sirve para explicar por qué el ser humano, hambriento de amor, añora, lo sepa o no, un amor incondicional que dure para siempre.

El *eros* es el unicornio. El *eros* es el deseo. Y es bueno.

Es el anhelo de infinito que todos llevamos en el corazón. Es el deseo de un amor incondicional y de una felicidad que dure para siempre. Desear al otro es bueno para mí, porque me complementa. Pero cuando el deseo se desboca, me destroza y destroza a los demás. Entonces ¿qué hago?, ¿estoy condenado a morir de hambre o destrozar a los demás? ¿Mato al unicornio, mato el deseo? ¿Es acaso malo mi deseo?

Si el *eros* es un gemido por lo infinito[1], ¿qué tengo que hacer para domesticarlo? Y, sobre todo, ¿quién es el hada que me ayudará?

Necesitamos domesticar al *eros* con la trascendencia, es decir, con la capacidad para pensar en el bien de los demás, y desearlo por encima de nuestros propios deseos. La trascendencia es el hada que domestica al *eros*, al unicornio. Con trascendencia, ese deseo salvaje por el otro, ese *eros*, se convierte en amor, en felicidad y en plenitud. Se convierte en familia y en amor incondicional.

Se convierte en estar siempre contigo y solo contigo. O sea, en fidelidad. En éxtasis permanente.

Cuando le preguntas a las mujeres quién quiere un marido o un novio que no controle sus instintos y su deseo sexual, ninguna se apunta. Todas quieren un hombre que sepa estar, que sepa controlar, y que en ningún momento se convierta en un macho depredador.

---

[1] Christopher West, *Llena estos corazones: Dios, sexo y el anhelo universal.* Ed. Sindéresis, 2019.

Sin trascendencia, el *eros* convierte al otro en mercancía que se compra y se vende, del que se obtiene una satisfacción. Y eso siempre genera dolor. Ahí están las violaciones y la pederastia, la pornografía y la prostitución. Es el *eros* deshumanizado que priva de dignidad a los seres humanos a los que usa, y transforma en depredadores a los que usan a los demás.

Cuando el hada domestica al unicornio, el amor nace entre ellos.

Cuando lo que importa es el bien de los demás, entonces obtenemos un amor que llena el corazón del hombre.

Y lo llena para siempre.

ESTE LIBRO, PUBLICADO POR
EDICIONES RIALP, S. A.,
MANUEL URIBE 13-15, 28033 MADRID,
SE TERMINÓ DE IMPRIMIR EN
ANZOS, S. L. FUENLABRADA (MADRID),
EL DÍA 10 DE JUNIO DE 2025.